Una breve introducción a Historia afroamericana

De la esclavitud a la libertad

(La historia no contada del colonialismo, los derechos humanos, el racismo sistémico y Black Lives Matter)

Biblioteca Escolar

Descargo de responsabilidad

Copyright 2021 by PRENSA DE LIBROS DE HISTORIA GLOBAL - Todos los derechos reservados

Este documento pretende proporcionar información exacta y fiable en relación con el tema y la cuestión tratados. La publicación se vende con la idea de que el editor no está obligado a prestar servicios contables, oficialmente permitidos o de otro tipo, calificados. En caso de que sea necesario un asesoramiento, legal o profesional, se debe solicitar a una persona con experiencia en la profesión - de una Declaración de Principios que fue aceptada y aprobada igualmente por un Comité de la Asociación de Abogados de Estados Unidos y un Comité de los Editores y Asociaciones.

En ningún caso es legal la reproducción, duplicación o transmisión de cualquier parte de este documento, ya sea por medios electrónicos o en formato impreso. La grabación de esta publicación está estrictamente prohibida y no se permite el almacenamiento de este documento a menos que se cuente con la autorización por escrito del editor. Todos los derechos reservados.

La presentación de la información es sin contrato ni ningún tipo de garantía. Las marcas comerciales que se utilizan son sin ningún tipo de consentimiento, y la publicación de la marca comercial es sin el permiso o el respaldo del propietario de la marca. Todas las marcas comerciales y marcas dentro de este libro son sólo para fines de aclaración y son propiedad de los propios propietarios, no afiliados a este documento. No fomentamos ningún tipo de abuso de sustancias y no nos hacemos responsables de la participación en actividades ilegales.

De arriba a abajo de la izquierda:

Frederick Douglass (abolicionista), Sojourner Truth (activista), Martin Luther King Jr. (activista), George Washington Carver (científico)

Nuestros otros libros

¿Le interesa la historia de la URSS?

La Historia de la URSS 1914-1991 es un relato exhaustivo y autorizado de uno de los períodos más importantes de la historia mundial moderna. Recorre los acontecimientos desde la Rusia zarista, pasando por la revolución bolchevique de Lenin, el gobierno de Stalin, el "deshielo" de Jruschov y el estancamiento de Brézhnev, hasta Gorbachov y más allá. Este libro ofrece una perspectiva inigualable de la sociedad soviética a todos los niveles: político, económico, social y cultural.

Este libro es un relato exhaustivo del ascenso y la caída del comunismo en Rusia. El autor examina el modo en que estos líderes se enfrentaron a problemas económicos como la escasez de alimentos y el desempleo. También explora su política exterior durante la Segunda Guerra Mundial y después, cuando intentaron mantener un imperio que se les escapaba de las manos.

Descubrirá cómo vivía la gente bajo el comunismo, qué comía, dónde se entretenía, cómo se confeccionaba la ropa, quién podía viajar al extranjero o comprar productos extranjeros, qué ocurría cuando se enfermaba o moría. Y conocerá todas esas cosas que ahora son tan familiares, pero que entonces aún no se habían inventado: los teléfonos móviles, los ordenadores, las películas occidentales... Todas estas cosas han surgido a partir de 1991, pero este libro te contará cómo era la vida antes de ellas.

La lectura de este libro le permitirá comprender por qué este país se desmoronó tan rápidamente después de su creación. Hay muchas lecciones aprendidas para aquellos que quieran estudiar los países comunistas o simplemente aprender más sobre la historia rusa.

Puede encontrar este libro en versión de bolsillo en los principales sitios web de librerías

Si te interesa la historia de China, ¡este es un gran libro para ti!

Este libro es una breve historia de la República Popular China. Abarca desde las antiguas dinastías y las guerras civiles hasta el surgimiento del Partido Comunista Chino. Podrás leer cómo empezó todo, lo que ocurrió durante el gobierno de Mao Zedong y mucho más.

En 1949, el Partido Comunista Chino (PCC) obtuvo su primera victoria y estableció la República Popular China. El PCCh estaba dirigido por Mao Zedong y sus compañeros de armas, como Zhou Enlai, Zhu De, Chen Yun y Deng Xiaoping. Dirigieron al pueblo a luchar contra los invasores japoneses y sus enemigos internos, como los terratenientes, los campesinos ricos, los contrarrevolucionarios y los malos elementos que saboteaban la reconstrucción nacional.

Si está interesado en conocer el pasado de este país, éste es un buen punto de partida. El autor ha creado un libro informativo que le permitirá comprender mejor lo que ocurrió a lo largo del tiempo. También incluye fotografías para los estudiantes visuales que quieran ver imágenes además de palabras.

Este libro le contará cómo estos líderes ayudaron a dar forma a la China moderna con sus habilidades de liderazgo que todavía se utilizan hoy en día. Aprenderá cómo lucharon por la igualdad entre todas las clases de la sociedad, al tiempo que construyeron una economía que podía competir a escala mundial. No es sólo una historia de política o economía, sino también de cultura. Aprenda más sobre las costumbres tradicionales en esta breve historia de China.

Puede encontrar este libro en versión de bolsillo en los principales sitios web de librerías

Introducción

En este libro vamos a hablar de la historia de los afroamericanos, también llamados afroamericanos o negros americanos, estas personas son un grupo étnico en los Estados Unidos. Sus miembros son residentes de los Estados Unidos con ascendencia africana total o parcial.

En el año 2000 había 34,6 millones de afroamericanos en Estados Unidos; esto supone el 12,3% de la población estadounidense. En su inmensa mayoría son descendientes de esclavos traídos a Estados Unidos, pero tras la abolición de la esclavitud en 1863, también ha habido inmigración desde el Caribe y desde la propia África; el resultado de este último flujo de inmigración es una población de unos 800.000 habitantes.

Este grupo de población tiene una historia educativa está denunciando muchos aspectos de puntos de dolor difíciles en la sociedad contemporánea. Es extremadamente importante educarse en la historia de la esclavitud, el colonialismo y el racismo, y cómo se desarrolló a través de los eventos y marcos temporales descritos en este libro.

Cómo surgió el nombre de este grupo de población en la historia

Antes de entrar en detalles sobre cada una de las partes, primero discutiremos brevemente cómo surgió el nombre de este grupo de población. Durante el periodo de la esclavitud, hasta 1865, los esclavos de ascendencia africana se denominaban negros o negras. Tras la abolición de la esclavitud, se introdujo el término colored como alternativa, ya que ambas denominaciones anteriores recordaban el doloroso pasado; sin embargo, Negroes, ahora con mayúsculas, también fue utilizado por este grupo como autodenominación (por ejemplo, todavía en el discurso I have a dream de Martin Luther King, 1963). Sin embargo, el movimiento por los derechos civiles también introdujo el término afroamericanos, para reforzar sus vínculos con sus propios orígenes, mientras que Malcolm X y el movimiento Black Power reintrodujeron el nombre, a la postre más popular, de negros. La denominación de afroamericanos surgió de una propuesta de Jesse Jackson, que quería sustituir la categorización basada en el color de la piel por una designación con mayor carga cultural.

Una breve introducción a la línea de tiempo de la historia que cubriremos en este libro

La parte más importante de la historia afroamericana radica en el inicio de la trata de esclavos en Estados Unidos, pero antes de este tema, ya existía la trata transatlántica de esclavos que tuvo lugar entre 1525 y 1867, de la cual es importante incluir también esta parte de la historia para pintar un cuadro de lo que precedió a la trata de esclavos en lo que hoy es Estados Unidos.

En aquella época, Estados Unidos era una colonia de varios países, principalmente de Europa Occidental. También se dividía de forma diferente, ya que aún no había fronteras terrestres. También se dividía de forma diferente, ya que no había fronteras terrestres que se puedan hablar hoy en día.

1700-1900

Durante el siglo XVIII y principios del XIX, los esclavos eran transportados en masa desde África Occidental hasta el sur de lo que hoy es Estados Unidos para ser utilizados como mano de obra en las plantaciones de allí. A menudo morían en condiciones inhumanas en el viaje a América (es famosa la rebelión del Amistad en 1839 en aguas de Cuba, en la que unos cuarenta esclavos africanos se rebelaron y exigieron el viaje de vuelta a África, pero fueron transportados a América, lo que desencadenó un acalorado debate que acabó con su regreso a África). La trata de esclavos fue abolida en 1808, pero esto no fue suficiente para la gente del Norte, que quería que la esclavitud como institución fuera abolida por completo. Hubo muchos movimientos que trabajaron para ello.

En 1860, Abraham Lincoln fue elegido presidente de los Estados Unidos. Los sureños se opusieron a este presidente, en parte porque temían que acabara con la esclavitud. Por lo tanto, el Sur declaró su independencia y a partir de entonces fue conocido como la Confederación. A pesar de los éxitos iniciales, el Sur acabó perdiendo y se vio obligado a liberar a los esclavos. En el Sur, algunos siguen negando que la Guerra Civil estadounidense tuviera como objetivo la abolición de la esclavitud; creen que se trataba de defender la autonomía de los estados frente a la autoridad federal. Muchos ex esclavos emigraron al Norte, donde, por cierto, las condiciones no eran mucho mejores debido al odio racial. Aun así, los afroamericanos son, con diferencia, los más concentrados en el territorio de la antigua Confederación.

1900-1970

La abolición de la esclavitud no hizo a los afroamericanos iguales; se estableció un sistema para mantener a los blancos y a los negros separados en la sociedad, llamado segregación. Esto significaba que los negros tenían que utilizar servicios diferentes, a menudo inferiores, a los de los blancos. En la década de 1950, el presidente Dwight D. Eisenhower trató de poner fin a esta situación a regañadientes. Por ejemplo, obligado por el Tribunal Supremo, abrió varias escuelas para blancos en el Sur a los negros, lo que provocó disturbios raciales.

Una figura clave para los afroamericanos fue Martin Luther King, líder del movimiento por los derechos civiles de los negros. Encabezó la marcha a Washington D.C. el 28 de agosto de 1963, donde pronunció su famoso discurso "Tengo un sueño". En 1964 recibió el Premio Nobel de la Paz. En 1968, fue asesinado a tiros por James Earl Ray. En 1983, el tercer lunes de enero se convirtió en una fiesta nacional llamada Día de Martin Luther King.

1970-2021

Los negros estadounidenses son el único grupo que ha sido sistemáticamente discriminado por el gobierno y, en todo caso, no se les ha dado nada. Hasta 1965, los residentes negros de Estados Unidos no eran libres: fue entonces cuando se eliminó la segregación racial de los libros de leyes. Aunque la mayoría de la gente en Estados Unidos ya no es tan abiertamente racista como entonces, el racismo está arraigado en la historia de los Estados Unidos. Si no damos un giro para corregirlo, seguirá afectando a la prosperidad de las personas y al trato que reciben los negros por parte de la policía en estos momentos.

Estados Unidos está construido sobre el racismo. Y algunos quieren defenderlo. Impiden que los negros ejerzan sus derechos fundamentales. A principios de este año, personas blancas armadas en Michigan ocuparon un edificio gubernamental en señal de protesta. Imagina que un grupo de negros hubiera hecho eso. Entonces la situación podría haber acabado de forma terrible.

Gracias al movimiento por los derechos civiles de los años 60, hubo una legislación que ayudó a avanzar a los más desfavorecidos. Pero en la década de 1980, el presidente Ronald Reagan empezó a recortarla. A medida que la industria se desplomaba, también lo hacían los empleos de los barrios a los que estaban condenados muchos estadounidenses negros. Siguió la incertidumbre económica, a la que se sumó una fuerza policial desmesurada que libró la guerra contra las drogas mucho más en los barrios negros que en los blancos.

Las fuertes sentencias de prisión por delitos menores de drogas hicieron que la cárcel formara parte de la vida de las comunidades negras. Uno de cada tres hombres negros pasa por la cárcel, frente a sólo uno de cada diecisiete blancos. Todos esos hombres siguen luchando durante el resto de sus vidas para encontrar un trabajo, obtener ayudas del gobierno o incluso votar, algo que ya no está permitido en muchos estados con antecedentes penales.

El sistema de justicia penal es una nueva forma de convertir a los negros en ciudadanos de segunda clase, según demostró la escritora y abogada Michelle Alexander en su clásico The New Jim Crow. Los avances que los activistas liderados por Martin Luther King consiguieron en la década de 1960 se han visto anulados por el encarcelamiento masivo. En este libro también se abordan los acontecimientos actuales con la historia afroamericana como telón de fondo y apuntalamiento.

Esperamos que el libro sea una experiencia educativa que enriquezca su perspectiva respecto a esta parte crucial de la historia del mundo. También esperamos contribuir a la importancia social de una sociedad justa. Nuestra visión es que ésta sólo puede mejorarse mediante la educación y la transparencia. Sólo aprendiendo cómo experimenta su vida el prójimo se puede contribuir conscientemente de forma positiva a un futuro mejor.

Si te gusta este libro, por favor deja una reseña para que más gente lo lea y podamos difundir un poco de conciencia.

Índice de contenidos

Parte 1: La herencia africana y la trata transatlántica de esclavos

Capítulo 1: África precolonial

Para la mayoría de las personas que se adentran en este tema, la historia de África comienza a partir del siglo XVII (1600 d.C.), cuando las potencias europeas de entonces realizaron los primeros envíos transatlánticos de esclavos.

Para hablar brevemente de un gran marco temporal, hace entre 200.000 y 100.000 años, los humanos modernos empezaron a evolucionar por toda África, incluida Sudáfrica. Se convirtieron en los san, que más tarde se encontraron con los nómadas khoi que migraban hacia el sur desde el norte, y se les conoció colectivamente como los khoisan.

Los khoisan entraron en el Cabo Occidental más o menos en la misma época (300 d.C.) en que cruzaron el Limpopo grupos de la primera Edad de Hierro, cuyos descendientes, unos 1.000 años después, formaron el reino africano de Mapungubwe y establecieron relaciones comerciales con China, India y Arabia.

Egipto tuvo tempranos contactos en el interior de África. Por ejemplo, Kush formaba parte de Egipto y salían regularmente expediciones hacia el Cuerno de África, a Poent. Durante el inestable tercer interregno de Egipto, los kushitas comenzaron a separarse de los faraones egipcios y establecieron el estado autónomo de Kush, con las ciudades de Napata (al pie de la montaña sagrada Djebel Barkal) y Meroe como principales centros de poder. La cultura kushita estaba fuertemente influenciada por la egipcia. Por ello, aquí también se construyeron pirámides. Sin embargo, estas tumbas sólo tenían unos diez metros de altura y eran mucho más empinadas que las pirámides egipcias.

Piye, rey de Kush (Nubia) conquistó todo Egipto hacia el año 740 a.C. y fundó la 25ª dinastía egipcia, el periodo de los faraones negros. Con la ayuda de los asirios, Psamético I pudo reconquistar Egipto. Obtuvo el control de todo el país en el 656 a.C. .

Según la tradición, el reino de Etiopía fue fundado en el año 980 a.C. por Menelik I, hijo de Salomón y de la reina de Saba.

Se cree que los antepasados de los pueblos bantúes comenzaron a penetrar en la selva centroafricana hacia el año 1000 a.C., probablemente a lo largo de los principales ríos. Desde allí habrían llegado a las cercanías del lago Victoria, que se convertiría en un centro secundario desde el que se extenderían por gran parte de África oriental en los primeros siglos de nuestra era.

Al principio de la era, toda la costa norte de África formaba parte del Imperio Romano. De ahí también el nombre del continente: África era el nombre latino de la región que rodea a la actual Túnez. El norte de África era una de las zonas más destacadas desde el punto de vista cultural.

Con la llegada del cristianismo, toda esta zona se convirtió inicialmente en cristiana. Aunque el cierre del templo de Isis en Elefantina no fue bien recibido por sus vecinos del sur, la nueva fe pronto penetró también en Nubia. Más tarde se extendería también a Etiopía. Con la llegada del Islam, Nubia siguió adhiriéndose a la fe copta durante mucho tiempo (hasta el siglo XVI), y lo mismo ocurre con Etiopía hasta hoy.

En los siglos V y VI surgió el gran imperio ghanés y Kanem-Bornu en África Occidental, invadido por sus vecinos del norte en el siglo XI. En 1230 cayó la capital de Ghana. Desde el siglo XIII hasta mediados del XVI, surgieron a partir de entonces los grandes imperios islámicos de Songhai y Malí (capital Tombuctú) al sur del Sahara. La Meca se construyó en gran parte con el dinero de estos florecientes reinos. Durante el mismo periodo, la cultura de la Edad de Hierro del Gran Zimbabue floreció en el sur de África. Esta cultura, según los artefactos encontrados en los fuertes, tenía relaciones comerciales con China y otros países.

A diferencia de los países mediterráneos, la esclavitud estaba prácticamente ausente en la República de los Países Bajos, Inglaterra y Francia en la Baja Edad Media y la Primera Edad Moderna. En esta época era impensable que grandes grupos de esclavos fueran vendidos en Ámsterdam, Londres o Nantes, como sí ocurrió en Lisboa y Cádiz. Pero aunque la libertad era un concepto importante en la República y el abuso de los indios era utilizado como propaganda por los españoles, los holandeses, así como los ingleses y franceses, no veían ningún problema en comerciar con esclavos fuera de Europa y utilizarlos en las plantaciones.

En la República Romana y con los griegos, cualquiera podía ser presa de la esclavitud, que se consideraba una cuestión de desgracia. Bajo la influencia del cristianismo, la esclavitud desapareció inicialmente en Europa Occidental. El comercio de esclavos se consideraba inmoral y atentaba contra los valores cristianos.

Esto cambió con el comercio transatlántico de esclavos. Aquí se buscó la justificación en la Biblia, entre otros lugares, donde en el Génesis 9 los descendientes de Cham -Martín Lutero sostenía que Cham era el progenitor de toda la gente de color- son maldecidos a la esclavitud. La forma de desconexión moral cambió más tarde al presentar a las víctimas como inferiores y bárbaras, contribuyendo así de forma significativa al desarrollo del racismo.

El siglo XV

El rodeo del Cabo Bojador en 1434 por los portugueses puede considerarse el inicio de los viajes europeos de descubrimiento. En 1441 Antão Gonçalves compró el primer esclavo negro africano y al año siguiente compró diez más. Se les llamó "azenegue". En 1445, Nuno Tristão fundó la primera factoría, Feitorias, en la isla de Arguin. A la muerte de Enrique, el Navegante, en 1460, habían explorado la costa occidental africana hasta el cabo de Palmas, inicio del golfo de Guinea.

En 1469, el rey Alfonso V de Portugal concedió el monopolio del Golfo de Guinea a Fernão Gomes, un comerciante de Lisboa, por una renta anual de 200.000 réis. El contrato estipulaba además que Gomes debía continuar los descubrimientos y navegar hasta cien leguas (150 millas) a lo largo de la costa. Durante este periodo, se descubrieron las minas de oro de Elmina, lo que se convirtió en un motor para nuevas búsquedas.

Durante el reinado de Johan II de Portugal (1481-1495), Diogo Cao descubrió la desembocadura del río Congo y rodeó a Bartolomeu Dias, Cabo de Buena Esperanza. Durante este periodo se poblaron las islas de Santo Tomé y Príncipe.

Vasco da Gama fue el primer europeo que navegó alrededor de África (1497-1498). Durante el histórico viaje de 1500 de Pedro Álvares Cabral, no sólo se descubrió Brasil, sino también Madagascar.

Este siglo también marca el inicio del comercio transatlántico de esclavos. Aunque el comercio de esclavos ya estaba presente en África, y durante siglos se había vendido mano de obra forzada a los países de alrededor, especialmente en Oriente Medio. Fue la época en la que Europa colonizó grandes partes de África a corto plazo para obtener mano de obra barata y robar recursos.

Esta parte de la historia sobre los detalles de la trata transatlántica de esclavos se tratará con más detalle en el próximo capítulo.

Capítulo 2: Visión general de la trata transatlántica de esclavos

La trata transatlántica de esclavos fue el comercio de esclavos de África a las Américas, llevado a cabo por los europeos. Fue el paso intermedio del comercio triangular y tuvo lugar entre 1525 y 1867, alcanzando su punto máximo en el siglo XVIII y la primera mitad del siglo XIX. Se calcula que se transportaron 12 millones de esclavos.

La trata transatlántica de esclavos fue el comercio de esclavos de África a las Américas, llevado a cabo por los europeos. Fue el paso intermedio del comercio triangular y tuvo lugar entre 1525 y 1867, alcanzando su punto máximo en el siglo XVIII y la primera mitad del siglo XIX. Se calcula que se transportaron 12 millones de esclavos.

El comercio transatlántico de esclavos llevó a América del Norte y del Sur principalmente a africanos negros. En África, los esclavos eran ofrecidos por los líderes negros locales que, entre otras cosas, los esclavizaban en diversas guerras. En lugar de hacer trabajar a estos esclavos hasta la muerte, matarlos ceremonialmente o venderlos a comerciantes árabes como antes, resultó más lucrativo venderlos a los europeos.

Así, desde Elmina, en Ghana, se enviaban 2.000 esclavos al año a América. Allí eran empleados en las plantaciones. Aunque el comercio de esclavos en África ya existía antes de que los europeos intervinieran en él, la escala a la que se produjo después fue considerablemente mayor. Aunque las cifras anteriores no eran despreciables, el impacto demográfico fue limitado y las sociedades no cambiaron de forma significativa.

Esto cambió con el comercio de esclavos en el Atlántico. Políticamente, la influencia también fue grande. Desencadenó una militarización de las sociedades africanas que condujo a la formación de estados en los que estados agresivos como Ashanti y Dahomey estaban en ventaja, mientras que pueblos como los Yoruba, Benin y los Mossi acabaron decayendo. Desde el punto de vista económico, estimuló soluciones a corto plazo, mientras que desde el punto de vista social condujo a la división, donde se sabe hasta hoy qué antepasados fueron cazadores de esclavos.

Breve historia de Ashanti

En 1482, los portugueses construyeron la fortaleza de Elmina en la costa, originalmente debido a la extracción de oro en el lugar. Este fue el inicio de los contactos coloniales, que al principio se centraron principalmente en el comercio del oro. Ghana Osei Tutu gobernó entre 1680 y 1717. Desde la toma de la fortaleza de Elmina a los portugueses en 1637, los comerciantes holandeses de la Compañía de las Indias Occidentales eran un importante socio comercial de los ashanti, que les suministraban esclavos para el comercio triangular. A cambio, los ashanti tuvieron acceso a las armas de fuego, lo que provocó un endurecimiento de las relaciones políticas y sociales internas. En 1740, este comercio había desplazado al comercio de oro y marfil del primer lugar

Breve historia de Dahomey

Los habitantes del reino pertenecían a la etnia de los fon. Éstos no eran muy populares entre los pueblos vecinos debido a las constantes guerras para obtener esclavos. Cada pocos años se abría una nueva guerra para obtener nuevos esclavos, que a veces se ponían a trabajar en el propio reino y otras veces se vendían a los traficantes de esclavos europeos. Para controlar mejor el tráfico de esclavos, en 1724 y 1727 se ocuparon los reinos de Allada y Savi. Estos se encontraban entre el reino y el mar y dificultaban el comercio directo con los europeos.

La trata transatlántica de esclavos

El comercio de esclavos en el Atlántico no surgió de la nada. Durante siglos había habido comercio de esclavos en África, los africanos vendían prisioneros de guerra capturados a comerciantes africanos y árabes. Durante los siglos XV y XVI, la necesidad de mano de obra forzada creció en Europa, especialmente en las colonias recién ocupadas entonces. A finales del siglo XV y principios del XVI, se transportaban varios miles de esclavos desde África cada año.

La necesidad de mano de obra en las plantaciones de azúcar y tabaco de las nuevas colonias de América y la escasez de mano de obra libre procedente de Europa impulsaron el comercio transatlántico de esclavos. A mediados del siglo XVII, cuando el cultivo del azúcar estaba bien desarrollado en el Caribe, el comercio de esclavos se disparó. En 1700, se transportaban cincuenta mil esclavos al año. Los ingresos aportaron una mayor prosperidad a Europa y una forma de equilibrar mejor la balanza comercial con Asia. El desarrollo del sistema atlántico contribuyó en gran medida a la expansión europea y, por tanto, al desarrollo del capitalismo.

(una ilustración histórica que representa el secuestro de esclavos)

Sin embargo, esto vino acompañado de grandes tragedias humanas. A lo largo de los siglos, los cazadores de esclavos esclavizaron a decenas de millones de personas, muchas de las cuales hicieron el viaje transatlántico a América del Norte y del Sur y al Caribe. Muchos murieron antes de poder ser vendidos para su transporte; se calcula que entre once y catorce millones de esclavos fueron enviados a Occidente durante esta diáspora. Una media del 15% de los esclavos murió durante el viaje.

En las sociedades de África, el comercio transatlántico de esclavos tuvo un efecto perturbador por el que se sabe hasta hoy qué antepasados fueron cazadores de esclavos. La trata de esclavos no sólo representó una importante sangría para la población de África, sino que también cambió drásticamente las sociedades de ese continente al promover la militarización de las sociedades africanas y la esclavitud en el propio continente. Además, la esclavitud contribuyó a reforzar el racismo al buscar una justificación para la esclavitud que antes había sido presentada como inmoral por el cristianismo.

El estudio de la trata transatlántica de esclavos ha tenido su propia evolución. Los primeros trabajos son los de los abolicionistas británicos, que hacían hincapié en el carácter cruel de la trata con el fin de recabar apoyos para la abolición del comercio de esclavos. A este enfoque moral se han añadido desde entonces varias perspectivas. Por ejemplo, la trata transatlántica de esclavos se examina también desde el punto de vista comercial, su impacto en el capitalismo, el imperialismo europeo, la creación de un mundo atlántico, sus consecuencias sociales y culturales, el papel desempeñado por los cazadores de esclavos africanos y el origen del racismo en el Nuevo Mundo.

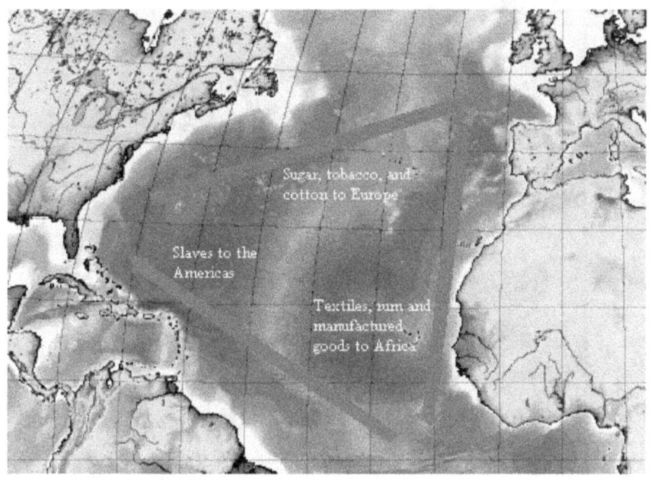

(Comercio triangular transatlántico)

El comercio triangular o navegación triangular era el comercio entre Europa, América y África. Los barcos partían de Europa Occidental con productos comerciales, principalmente armas de fuego, pólvora, hierro y textiles. Éstos se intercambiaban por esclavos, oro y marfil en África Occidental con los gobernantes locales y los comerciantes de esclavos africanos y árabes.

Desde África Occidental, los barcos que transportaban esclavos partían a través del Paso Medio hacia América del Norte o el Caribe. Las condiciones de los esclavos durante el viaje eran miserables y muchos morían. Los esclavos eran vendidos en América como trabajadores de plantaciones. Los barcos partían de Norteamérica y el Caribe hacia Europa Occidental transportando productos de lujo como azúcar, ron, café, algodón, plata y tabaco.

(La bandera de la Compañía de las Indias Occidentales)

El comercio lo llevaba a cabo, entre otros, la Compañía Holandesa de las Indias Occidentales. El comercio entre los Países Bajos y el mundo atlántico se produjo gracias a la gran ofensiva de la Compañía de las Indias Occidentales contra las superpotencias ibéricas, el poder portugués en el Atlántico Sur y contra el Caribe español.

Tras obtener el monopolio del comercio atlántico, la Compañía de las Indias Occidentales se convirtió en el principal comerciante de la Costa de Oro, donde la Compañía operaba desde el Fuerte Nassau en Ghana. Además, el fuerte se utilizaba para el comercio de grano del paraíso y marfil. Al norte de la Costa de Oro, la Compañía de las Indias Occidentales comerciaba en Senegal, Gambia y Sierra Leona. Elmina seguía siendo propiedad de los portugueses.

En el próximo capítulo nos adentraremos en los motivos por los que se estableció la trata transatlántica de esclavos. Cuáles fueron las condiciones y las motivaciones de esta espantosa parte de la historia.

(una pintura holandesa de barcos de esa época enzarzados en una batalla)

Capítulo 3: Las razones de la trata transatlántica de esclavos

El clima en Europa era menos adecuado para el cultivo de una serie de productos. El África tropical y subtropical era más satisfactoria por esta razón, pero el interior, con sus bosques tropicales y parásitos, fue durante mucho tiempo difícil de atravesar, mientras que ríos como el Congo y el Níger eran difíciles o imposibles de navegar para los buques oceánicos. En el borde del desierto, donde la agricultura era posible, ya había estados demasiado fuertes para colonizar. Una buena alternativa fueron inicialmente las islas del Atlántico y más tarde el Nuevo Mundo. Los aztecas y los incas fueron las civilizaciones más importantes aquí. El corazón de la primera estaba en México, pero su influencia cultural llegaba hasta el río Misisipi. El imperio de los incas se extendía desde el sur de Colombia hasta el norte de Chile y Argentina. En estas zonas bien organizadas de América, los españoles pudieron asumir rápidamente la autoridad. En las zonas situadas más allá, donde no había existido un gobierno central, el proceso fue mucho más difícil. Este fue el caso de los mayas de Yucatán, pero también de Brasil y América del Norte.

(Indígenas y colonos en América del Norte)

Antes de la mecanización a gran escala de la Revolución Industrial, se dependía principalmente de la mano de obra humana. Sin embargo, no estaba previsto que ésta fuera de esclavos y que éstos procedieran de África. Inicialmente, la mano de obra se extraía de la población local. Los aztecas y los incas podían utilizar el sistema existente para reclutar un gran número de trabajadores y no era necesario pasar a la esclavitud. Tampoco hubiera sido acorde con el deseo de cristianizar a esta población. Los portugueses sí que intentaron en un principio utilizar a la población local, pero tenían poca experiencia en la agricultura y, al carecer de una autoridad central, se mostraron incapaces de emplear suficiente mano de obra. Además, la población de las zonas que les fueron asignadas era demasiado pequeña para sostener la economía de las plantaciones.

A ello se sumaba el hecho de que la población local no estaba familiarizada con una serie de enfermedades que tenían un efecto muy devastador. En el Viejo Mundo, éstas se habían transmitido sobre todo a través del contacto con animales de rebaño domesticados. También allí se habían cobrado muchas víctimas, pero a lo largo de los siglos se había creado un cierto grado de inmunidad. Ahora, América tuvo que enfrentarse a toda una serie de estas enfermedades en un corto periodo de tiempo, y la población también tenía una menor variación genética. Al menos el 50% y posiblemente el 90% de la población local perdió la vida entre 1492 y 1650, lo que convierte a esta catástrofe demográfica en la mayor de la historia, junto con las epidemias del siglo XIV en Eurasia.

Desde Europa, era difícil conseguir mano de obra hacia el Nuevo Mundo, lo que tenía varias causas. En primer lugar, aunque el crecimiento económico era bajo, menos del 0,25% anual según los estándares actuales, era considerablemente mayor que en períodos anteriores. Esto significaba que en la propia Europa había una gran demanda de mano de obra, cuya oferta era todavía relativamente baja debido a la gran hambruna y a la peste negra del siglo XIV. Ciertamente, Portugal, con menos de un millón de habitantes, apenas podía gestionar su imperio, y mucho menos proporcionar suficiente mano de obra. España, con más de siete millones de habitantes, tenía un imperio europeo que defender, lo que requería cada vez más soldados. Por lo tanto, a pesar de la presencia de metales preciosos, las oportunidades en Europa y los peligros del Nuevo Mundo hacían poco atractivo el traslado de la población pobre. Cuando la oferta de mano de obra libre era insuficiente, se recurría a la esclavitud.

Mientras la mano de obra era más escasa que la tierra, esto fomentaba la servidumbre y la esclavitud. Este fue el caso durante la Alta Edad Media en Europa. Los esclavos serían los más baratos de Europa, lo que ya había ocurrido con los pueblos eslavos. Estos fueron utilizados por Venecia en Creta y Chipre, entre otros, para explotar plantaciones de caña de azúcar con técnicas adoptadas de Siria. Sin embargo, el auge del Imperio Otomano bloqueó los recursos eslavos.

En Europa occidental, la esclavitud desapareció en gran medida durante la Edad Media, en parte debido a la cristianización y a causas económicas. Alrededor del Mediterráneo no fue así. De hecho, con las conquistas árabes, se produjo un aumento del comercio de esclavos en esta zona. También en el resto de África la mano de obra era escasa y la riqueza se medía por el número de personas que había debajo. Por lo tanto, el comercio de esclavos en África tuvo lugar al menos mil años antes de que los europeos se involucraran. Hasta entonces, sin embargo, era modesto en escala.

Los pueblos casi nunca esclavizaban a miembros de su propia sociedad y en Europa la mayoría de los estados eran demasiado poderosos para poder obtener esclavos a gran escala. No era el caso de África, donde ciertos pueblos podían dominar y esclavizar más fácilmente a otras sociedades. Por ello, los europeos se unieron a una red de comercio de esclavos árabes que existía desde hacía al menos seis siglos. Los esclavos eran suministrados por comerciantes africanos y árabes y llevados a América por los europeos. Los elevados costes de la compra de los esclavos, el pasaje y la represión de las rebeliones se financiaron inicialmente con la primera fuente de ingresos del Nuevo Mundo, las minas de oro y plata. En una etapa posterior, los ingresos de las plantaciones también se destinaron a este fin.

(Colonización de las Américas por parte de Gran Bretaña)

Capítulo 4: La historia de la trata transatlántica de esclavos

En 1415, como prolongación de la Reconquista, los portugueses conquistaron la rica Ceuta. Ésta era el punto final de las caravanas comerciales procedentes de África Occidental y, tras la conquista, esta fuente se agotó, por lo que decidieron hacerse cargo ellos mismos del comercio. El comercio de esclavos comenzó en 1444, pero al principio era secundario con respecto a su principal mercancía procedente de África, el oro.

Los esclavos se utilizaban en Portugal para las tareas domésticas, y en las ciudades portuarias del sur de Portugal llegaron a constituir el 15% de la población total. En otras ciudades portuarias portuguesas y españolas podían llegar al 10%. Además, los portugueses participaban en el comercio de la costa africana para financiar el oro. Esta situación cambió cuando los portugueses comenzaron a explotar plantaciones de caña de azúcar en Madeira en 1455. Esto cambió la necesidad de esclavos que ahora se empleaban en estas plantaciones. Al principio, estos esclavos se obtenían principalmente de Senegambia y la Costa de Oro.

Esto cambió cuando las plantaciones de azúcar se explotaron también en Santo Tomé y Príncipe y los portugueses establecieron una alianza con el Reino del Congo. Las sociedades encontradas en África resultaron ser demasiado poderosas para ser colonizadas, por lo que la búsqueda de más tierras para las plantaciones de azúcar fue uno de los motores para buscar islas cada vez más occidentales.

En el Nuevo Mundo, el sistema de plantaciones se copió de las islas del Atlántico, pero a una escala mucho mayor. Así, en el Nuevo Mundo surgió una economía de plantación con ricos propietarios europeos de la industria azucarera a la cabeza que poseían muchos esclavos y campos de azúcar. Entre ellos estaban los plantadores que no podían permitirse un ingenio azucarero. Los campesinos pobres, como en Europa, prácticamente no existían. Para este grupo sólo había puestos administrativos y trabajos específicos en los ingenios azucareros.

La mayoría de la población estaba formada por los esclavos que realizaban los trabajos pesados. Al principio se utilizaban los esclavos aculturados y cristianizados (negros ladinos) de la Península Ibérica, pero pronto se trajeron directamente de África (negros bocales). Fernando II de Aragón autorizó a Bartolomeo Marchionni a transportar los primeros esclavos de África a América (Santo Domingo) en 1510. El emperador Carlos V concedió una licencia a Laurent de Gorrevod en 1518 para el traslado libre de impuestos de 4.000 esclavos africanos a sus posesiones americanas. La casa bancaria Welser recibió la siguiente licencia importante en 1528. España no podía establecer asentamientos en África por sí misma debido al Tratado de Tordesillas de 1494, por lo que concedió a Portugal un asiento exclusivo en 1595.

Brasil

En 1500, Brasil fue descubierto por Portugal y, según el Tratado de Tordesillas, la zona pasó a ser también suya. Las riquezas aportadas por el comercio con las Islas de las Especias y la India hicieron que la colonización de Brasil no fuera una prioridad durante las primeras décadas. Esto cambió cuando los franceses y los británicos comenzaron a instalarse en la zona. Portugal emprendió entonces la colonización y para financiarla utilizó el método probado de las plantaciones de azúcar. Las primeras llegaron alrededor de 1550 y pronto la productividad aquí fue mayor que en las islas del Atlántico. A partir de 1560 hubo un continuo comercio de esclavos en Brasil.

A cambio de apoyo, Álvaro I del Congo concedió a los portugueses el derecho a establecerse al sur de su reino. En 1576 se fundó allí Luanda y, a partir de entonces, la mayoría de los esclavos enviados a las Américas procederían de Angola.

Mientras los portugueses suministraban los esclavos, el transporte de azúcar a Europa estaba en manos de los holandeses. Amberes se convirtió así en el centro del mercado europeo del azúcar. Esto cambió durante la Guerra de los Ochenta Años, cuando los holandeses se enfrentaron a los españoles. Esto no afectó directamente a las relaciones con Portugal, pero en 1580 Portugal se anexionó a España tras la batalla de Alcântara. La guerra con España y Portugal también privó a los Países Bajos del rentable comercio de especias. Esto fue un incentivo para expandir la navegación más allá de Europa, y un siglo después de los portugueses, los holandeses encontraron la ruta hacia Asia.

(Barcos portugueses que llegan a Brasil)

En consecuencia, pronto se enfrentaron a los portugueses. Como resultado, se libró una guerra luso-holandesa de facto como extensión global de la Guerra de los Ochenta Años. En la lucha contra los españoles y los portugueses, al principio se recurrió al corsarismo. Esta fue la principal fuente de ingresos de la Compañía de las Indias Occidentales (WIC) justo después de su fundación en 1621. A continuación, la WIC desarrolló el Groot Desseyn, un gran plan en el que se pretendía socavar el comercio portugués de azúcar desde Brasil haciéndose con el comercio de esclavos.

Con la captura de la Flota de la Plata en 1628, se dispuso de fondos suficientes. Entre 1630 y 1634 se conquistó Recife con gran parte de la costa brasileña, que se convirtió en el Brasil holandés. En 1637 se conquistó la isla de Elmina, cerca de la Costa de Oro, el mayor baluarte portugués del comercio de esclavos. Durante los siglos siguientes, esta fortaleza sería uno de los centros de la trata de esclavos de la CBI. En 1641 Luanda también fue conquistada a los portugueses. En 1700, la WIC poseía una docena de fortalezas en la costa de África Occidental.

Después de esto, el comercio holandés de esclavos comenzó a adquirir grandes proporciones. Para mantener la producción de azúcar, muchos propietarios portugueses pudieron conservar sus plantaciones. Sin embargo, desde el Brasil holandés se transfirieron muchas técnicas al resto de las Américas, acabando con el monopolio azucarero brasileño.

Esto allanó el camino para el establecimiento de colonias francesas e inglesas en las Américas. A partir de 1640, el comercio de esclavos con Brasil empezó a colapsar y el comercio se trasladó a las colonias españolas de América. Al principio, los comerciantes holandeses transportaban esclavos a Buenos Aires y Río de la Plata, en la actual Argentina; más tarde, el Caribe también se convirtió en objetivo del comercio de esclavos.

En 1654, Brasil fue reconquistado por Portugal, tras lo cual el cultivo de la caña de azúcar se trasladó al Caribe, lo que hizo que Brasil perdiera su monopolio e iniciara un declive económico. Esto tuvo su efecto en el número de esclavos traídos a Brasil hasta que se descubrió oro en Minas Gerais en 1695. Esto incrementó enormemente el comercio de esclavos.

Caribe

Tras la reconquista portuguesa de Brasil, Curaçao, capturada en 1634, se convirtió en el punto de recogida de esclavos de los Países Bajos. Tras la conquista inglesa de Jamaica en 1655, se convirtió en un importante mercado de tránsito de esclavos para las colonias españolas. Al principio, el Caribe albergaba sobre todo plantaciones de tabaco, pero más tarde las plantaciones de azúcar adquirieron un tamaño similar al de las de Brasil.

A partir de 1641, el azúcar se exportaba desde aquí a Europa. Se encontraron nuevos compradores en los ingleses y franceses que cultivaban tabaco en las islas que conquistaron en el Caribe y en Virginia. Hasta aproximadamente 1660, franceses e ingleses dependían de los holandeses para desarrollar y abastecer de esclavos a estas colonias, pero a medida que su papel en Asia crecía, también lo hacía su papel en el comercio de esclavos. Las guerras inglesas, en las que los franceses ayudaron a los ingleses, acabaron con la hegemonía holandesa, y a finales del siglo XVII los ingleses y los franceses tenían una participación importante en el comercio de esclavos del Atlántico.

Los ingleses participaron en el comercio de esclavos desde 1562, con John Hawkins como pionero. Desde 1672, la Royal African Company tenía el monopolio del comercio de esclavos, pero lo perdió en 1698. Luego, en el siglo XVIII, el comercio de esclavos aumentó enormemente. Hubo años en los que se transportaron más de cien mil esclavos. Sin embargo, Francia e Inglaterra asumieron la posición de la República, como hicieron con el resto del comercio. Los franceses utilizaron para ello sobre todo Saint-Domingue, que obtuvieron en 1697 con el Tratado de Rijswijk.

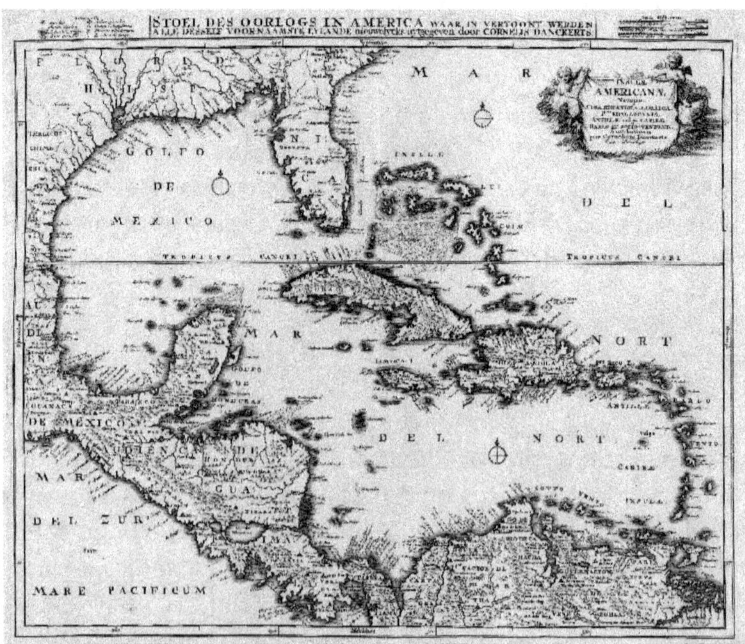

América del Norte

Las colonias inglesas de Norteamérica fueron desde poco después de su creación un destino para los esclavos africanos, además de los indios a los que los propios colonos esclavizaron.

La colonia de Jamestown, en Virginia, fundada en 1607, compró el primer cargamento de esclavos negros en 1619. Se trataba de una veintena de personas traídas por el White Lion, un corsario de Flushing que había interceptado el barco negrero portugués São João Bautista, pero que ahora necesitaba desesperadamente alimentos. El intercambio resultante se considera el inicio de la esclavitud negra en Estados Unidos, que duraría hasta 1865. A partir de la década de 1680, el comercio de esclavos procedentes de África empezó a despegar realmente y la economía de las plantaciones se disparó.

(el establecimiento de un nuevo Ámsterdam en América del Norte)

Capítulo 5: La esclavitud durante el comercio transatlántico de esclavos

La esclavitud existía en diversas formas y grados, en los que la autodeterminación estaba limitada en mayor o menor grado. Al principio, una gran parte de la población de las colonias americanas estaba formada por trabajadores contratados, en su mayoría europeos, pero también africanos. En esto, conservaban un derecho de autodeterminación en cierto grado y normalmente recuperaban la libertad después de algún tiempo. Para los africanos, la servidumbre por deudas podía ser una de las razones para tener que hacer la travesía del Atlántico. Sin embargo, mientras que incluso con la servidumbre por deudas sigue siendo posible cierto grado de autodeterminación, y uno podía comprarse la libertad de nuevo, con la esclavitud transatlántica la deshumanización se implementó

aún más. Se trataba de un caso de esclavitud mobiliaria, en el que el propietario tenía un poder casi ilimitado.

(el ahogamiento de los esclavos durante este período)

Rebeliones de esclavos

Las rebeliones de esclavos se produjeron tanto en África, durante el viaje, como en América. Probablemente un 10% de los viajes se vieron envueltos en rebeliones. Las rebeliones eran especialmente altas en los viajes desde la Alta Guinea (Senegambia, Sierra Leona y Costa de Marfil), por lo que los residentes de esta costa constituían una parte relativamente pequeña del número total de esclavos.

En el Nuevo Mundo se produjeron muchas rebeliones, como la de los esclavos de Berbice en 1763 y la de los esclavos de Curazao en 1795, dirigida por Tula. Sin embargo, en general fueron sofocadas. Sólo la revolución haitiana de 1791 a 1804 consiguió expulsar a los propietarios de esclavos. Además, muchos esclavos huyeron y se organizaron en comunidades cimarronas.

Los efectos de la esclavitud

Aunque el comercio de esclavos en África ya existía antes de que los europeos intervinieran en él, la escala a la que se produjo después fue considerablemente mayor.

Aunque las cifras anteriores no eran despreciables, el impacto demográfico fue limitado y las sociedades no cambiaron de forma significativa. Esto cambió con la trata de esclavos en el Atlántico. Desde el punto de vista político, la influencia también fue grande. Desencadenó una militarización de las sociedades africanas que llevó a la formación de estados en los que estados agresivos como Ashanti y Dahomey estaban en ventaja, mientras que pueblos como los Yoruba, Benin y los Mossi acabaron decayendo. Desde el punto de vista económico, fomentó las soluciones a corto plazo, mientras que desde el punto de vista social condujo a la división, en la que hasta el día de hoy se sabe qué antepasados eran cazadores de esclavos.

El comercio de esclavos en el Atlántico también tuvo el efecto de aumentar el comercio interno de esclavos en África, hasta el punto de que se estima que en el punto álgido del comercio de esclavos puede haber habido tantos esclavos en África como en América. A medida que el comercio transatlántico de esclavos disminuyó, los esclavos en África se abarataron y el número aumentó hasta que hubo más esclavos en África que en América.

En América, los esclavos sustituyeron a los nativos que sucumbieron a enfermedades desconocidas para ellos. Hasta el siglo XIX, Brasil tenía la mayor población de esclavos, después de lo cual esta posición fue asumida por Estados Unidos.

En primer lugar, el historiador Williams sacó a relucir cómo la trata de esclavos y la esclavitud habían contribuido a la prosperidad y expansión europeas. En Capitalism and Slavery (Capitalismo y esclavitud), de 1944, argumentó que la esclavitud había contribuido significativamente al capitalismo temprano y financiado la Revolución Industrial. Posteriormente, esa misma revolución y el capitalismo industrial resultante hicieron que la esclavitud quedara obsoleta.

Williams también contrarrestó la noción entonces prevaleciente de que el abolicionismo provenía principalmente de preocupaciones humanitarias. Por ejemplo, argumentó que si Pitt hubiera tenido éxito en la conquista de Saint-Domingue, habría abandonado el abolicionismo, ya que Saint-Domingue -donde había que traer 40.000 esclavos cada año para mantener las plantaciones de caña de azúcar- no tendría ningún valor sin esclavos. Aquí formuló lo que se conocería como la tesis de Williams, la necesidad económica de la esclavitud para hacer posible la revolución industrial, que entonces haría que la esclavitud no fuera rentable:

El capitalismo comercial del siglo XVIII desarrolló la riqueza de Europa mediante la esclavitud y el monopolio. Pero al hacerlo contribuyó a crear el capitalismo industrial del siglo XIX, que dio la vuelta y destruyó el poder del capitalismo comercial, la esclavitud y todas sus obras. Sin comprender estos cambios económicos, la historia del período carece de sentido.

Esta tesis de Williams ha sido desde entonces objeto de un gran debate, pero parece haber fuertes indicios de que la tesis puede no sostenerse en su totalidad, pero sí al menos en aspectos importantes. Se ha argumentado en contra de la tesis que la importancia económica y la rentabilidad del comercio de esclavos eran mínimas para Europa.

Sin embargo, esto deja de lado el hecho de que la esclavitud fue muy importante para hacer posible la colonización de las Américas y así poner en marcha un desarrollo de la expansión europea unido al desarrollo de nuevos instrumentos financieros.

También fue Williams quien argumentó que el racismo provenía principalmente de la esclavitud por la necesidad de justificación y la deshumanización que la precedió.

La moralidad de la esclavitud en esa época

Los casos anteriores hacen que parezca que sólo entran en juego consideraciones comerciales. Sin embargo, se ha tomado conciencia de que se estaba yendo en contra de los valores y las normas humanas.

Sin embargo, motivos como el afán de lucro y el debilitamiento del enemigo relegaron esta conciencia a un segundo plano. Por ejemplo, la Iglesia Católica Romana desaconsejó inicialmente la esclavitud, pero con el Romanus Pontifex de 1455, autorizó la esclavización de los no cristianos como actividad misionera.

El trato a los indios en el Nuevo Mundo suscitó voces críticas en España, especialmente a través de la labor del sacerdote Las Casas, que contó con el apoyo del influyente Cisneros.

Las Casas se opuso especialmente al sistema de encomiendas y desempeñó un papel importante en la creación de las Nuevas Leyes de las Indias. En 1542, éstas frenaron la explotación de los indios, aunque no pudieron eliminar por completo la costumbre. Tampoco pudo impedir la extracción a gran escala de esclavos de África.

(El dibujo de "La Brevísima relación de 1552" del sacerdote Las Casas)

Capítulo 6: La abolición de la trata transatlántica de esclavos

La oposición a la esclavitud creció a lo largo de los siglos y el abolicionismo se convirtió en un movimiento importante, especialmente en Inglaterra. Los cuáqueros fueron los primeros en oponerse a la esclavitud por considerarla anticristiana. Bajo la influencia de la Ilustración y la idea de los derechos humanos, el movimiento se expandió.

Alexander Falconbridge navegó como médico en varios viajes y se convirtió en abolicionista allí.

Su An Account of the Slave Trade on the Coast of Africa de 1788 se convertiría en una importante influencia para el abolicionismo:

Durante los viajes que realicé, fui frecuentemente testigo de los efectos fatales de esta exclusión del aire fresco. Daré un ejemplo, ya que sirve para transmitir una idea, aunque muy tenue, de los sufrimientos de esos infelices seres a los que arrastramos gratuitamente de su país natal, y los condenamos a un trabajo y cautiverio perpetuos. Un tiempo húmedo y ventoso hizo que se cerraran los ojos de buey y se cubrieran las rejillas, lo que provocó flujos y fiebres entre los negros. Mientras se encontraban en esta situación, yo bajaba con frecuencia entre ellos, hasta que al final sus apartamentos se volvieron tan extremadamente calurosos que sólo se podían sufrir durante un tiempo muy corto.

Pero el excesivo calor no era lo único que hacía intolerable su situación. La cubierta, es decir, el suelo de sus habitaciones, estaba tan cubierto de la sangre y los mocos que habían salido de ellas como consecuencia del flujo, que parecía un matadero. La imaginación humana no puede imaginarse una situación más espantosa y repugnante.

Muchos de los esclavos se desmayaron y fueron llevados a cubierta, donde varios murieron y el resto fue restablecido con gran dificultad. También estuvo a punto de ser fatal para mí.

El clima era demasiado caluroso para admitir el uso de otra ropa que no fuera una camisa, que me había quitado antes de bajar; a pesar de lo cual, con sólo permanecer entre ellos durante un cuarto de hora, me sentí tan abrumado por el calor, el hedor y el aire viciado, que casi me desmayé; y no pude subir a cubierta sin ayuda. La consecuencia fue que poco después caí enfermo del mismo trastorno, del que no me recuperé durante varios meses.

Los daneses prohibieron el comercio de esclavos en 1803, seguidos por los británicos con la Ley de Comercio de Esclavos del 25 de marzo de 1807. Sin embargo, según Thomas Clarkson, un importante abolicionista británico, los británicos nunca habrían llegado tan lejos sin la Revolución Americana:

Mientras América fuera nuestra, no había posibilidad de que un ministro atendiera los gemidos de los hijos e hijas de África, por mucho que sintiera su angustia.

Clarkson (1788): *Un ensayo sobre la impolítica de la trata de esclavos africanos*

En 1808, Estados Unidos prohibió la importación de nuevos esclavos de África (Act Prohibiting Importation of Slaves). La venta de esclavos nacidos en Estados Unidos seguiría siendo posible durante medio siglo más.

Tras la prohibición británica de la trata de esclavos, el comercio transatlántico de esclavos continuó, no obstante, durante varias décadas, como una especie de comercio furtivo, siendo Brasil el principal destino. Sólo cuando la armada británica comenzó a combatir este comercio clandestino con patrullas más afiladas, a mediados del siglo XIX, se puso fin gradualmente a la misma.

El Secretario de Asuntos Exteriores británico, Lord Castlereagh, negoció la cuestión con plenipotenciarios de Portugal y España al margen del Congreso de Viena de 1815. Esto condujo a un tratado con Portugal en el que se acordó que no se comprarían más esclavos portugueses en la costa occidental de África al norte del ecuador. A cambio, Gran Bretaña pagó a Portugal una deuda de 600.000 libras, el resto de un préstamo contraído por el gobierno portugués en 1809. En 1833, Gran Bretaña abolió oficialmente la esclavitud con la Ley de Abolición de la Esclavitud.

Varios países le siguieron, a menudo bajo la presión británica, pero allí donde la importancia económica de la esclavitud era todavía grande, hubo una gran resistencia. En Estados Unidos, tanto que condujo a la Guerra Civil Americana (1861-65). Sin embargo, la mecanización redujo la escasez de mano de obra, mientras que las rebeliones de los esclavos podían suponer un coste tan elevado que la esclavitud pasó a ser más cara que el trabajo remunerado. En África, la esclavitud había crecido de hecho tras el fin del comercio transatlántico de esclavos. Irónicamente, la posterior caída de los precios hizo que la esclavitud fuera asequible en África.

Williams aportó una explicación alternativa. No fue una moral creciente, sino los motores económicos los que apuntalaron la abolición, al igual que habían contribuido a su aparición. Después de que el capitalismo pudiera desarrollarse en parte gracias a la esclavitud hasta el punto de hacer posible la revolución industrial, esa misma revolución hizo que la esclavitud dejara de ser rentable. Al igual que el racismo se intensificó con el crecimiento de la esclavitud, la moralidad aumentó a medida que la esclavitud era menos beneficiosa económicamente. Sobre la historiografía colonial entonces imperante, afirmó más tarde:

Los historiadores británicos escribieron casi como si Gran Bretaña hubiera introducido la esclavitud únicamente para satisfacer su abolición. Han hecho tal juego con la compensación proporcionada por Gran Bretaña a los plantadores como si se borrara la deuda con los antillanos respecto a la esclavitud, que es difícil no ver en esta actitud, desarrollada y propagada a lo largo de un siglo y cuarto, la explicación de la actitud del Gobierno británico sobre la ayuda económica a las Indias Occidentales y sobre el trato preferencial a la industria azucarera de las Indias Occidentales.

Estas son conclusiones políticas. Como tales, son una respuesta legítima a las conclusiones políticas extraídas por los propios historiadores británicos.

La conveniencia de abolir la esclavitud surgió con fuerza durante el periodo de la Ilustración, cuando las nociones de libertad, igualdad y derechos civiles y humanos estaban ganando terreno. Importantes pensadores sobre este tema fueron Jean-Jacques Rousseau en Francia y Thomas Jefferson en Estados Unidos.

Williams aportó una explicación alternativa. No fue una moral creciente, sino los motores económicos los que apuntalaron la abolición, al igual que habían contribuido a su aparición. Después de que el capitalismo pudiera desarrollarse en parte gracias a la esclavitud hasta el punto de hacer posible la Revolución Industrial, esa misma revolución hizo que la esclavitud dejara de ser rentable. Al igual que el racismo se intensificó con el crecimiento de la esclavitud, la moralidad aumentó a medida que la esclavitud era menos beneficiosa económicamente. Sobre la historiografía colonial entonces imperante, afirmó más tarde:

Los historiadores británicos escribieron casi como si Gran Bretaña hubiera introducido la esclavitud únicamente para satisfacer su abolición. Han hecho tal juego con la compensación proporcionada por Gran Bretaña a los plantadores como si se borrara la deuda con los antillanos respecto a la esclavitud, que es difícil no ver en esta actitud, desarrollada y propagada a lo largo de un siglo y cuarto, la explicación de la actitud del Gobierno británico sobre la ayuda económica a las Indias Occidentales y sobre el trato preferencial a la industria azucarera de las Indias Occidentales.

Estas son conclusiones políticas. Como tales, son una respuesta legítima a las conclusiones políticas extraídas por los propios historiadores británicos.

La transformación económica del capitalismo hacia el trabajo asalariado y el alejamiento del mercantilismo fue, pues, un factor de abandono de la esclavitud. Sin embargo, la economía de las plantaciones siguió siendo rentable durante más tiempo del que muchos historiadores suponían, lo que hizo que a principios del siglo XXI se volviera a hacer hincapié en los motivos morales e ideológicos. En este proceso, se prestó mucha atención a las revueltas de esclavos como motor de la abolición, siendo el ejemplo más imaginativo el de la colonia francesa de Saint Domingue en 1793. Esta revolución haitiana, que no pudo ser contenida por la fuerza militar, condujo a la prohibición de la esclavitud en la isla.

El desarrollo en ultramar fue la señal para que los revolucionarios franceses hicieran efectivos sus ideales de libertad, igualdad y fraternidad en 1794, y el primer artículo de la Declaración de los Derechos del Hombre y del Ciudadano, poniendo fin a la esclavitud en todos los territorios bajo dominio francés. Napoleón Bonaparte dio marcha atrás en 1802 en un intento de que las colonias contribuyeran a las guerras napoleónicas. Para frustrar este plan, el Reino Unido prohibió el comercio de esclavos en 1807, como había hecho Dinamarca en 1803. Estados Unidos también prohibió la importación y exportación de esclavos en 1808. Los Países Bajos, Francia y, en parte, Portugal siguieron su ejemplo en 1814-1815. En todas estas potencias, la tenencia de esclavos seguía siendo legítima.

La cuestión de la abolición de la trata de esclavos también se planteó indirectamente en el Congreso de Viena. El Secretario de Asuntos Exteriores británico Lord Castlereagh (que tenía objeciones morales) y el Zar Alejandro I se mostraron a favor. Los plenipotenciarios de España (Labrador) y Portugal (Palmella) se opusieron, argumentando que la prohibición del comercio de esclavos tenía profundos efectos en sus economías, respectivamente en Cuba y Brasil, que no podían prescindir de los esclavos como mano de obra barata. Palmella también citó la cuestión de que no estaba contemplada en el derecho internacional y era un asunto interno de cada país. Recordó al Congreso que la abolición de la trata de esclavos no era el tema en cuestión. Castlereagh planteó entonces la idea de imponer sanciones comerciales a las mercancías producidas por mano de obra esclava. Esto provocó algunas reacciones de despecho. Finalmente, el asunto se archivó con declaraciones solemnes en las que se tachaba el comercio de esclavos de repugnante e inmoral. Expresaron su deseo de erradicar la trata de esclavos y prometieron perseguir ese objetivo con celo y perseverancia. El Imperio español prohibió el comercio de esclavos a partir de 1820.

Se inicia una nueva etapa en la que la propia institución de la esclavitud se ve sometida a presión. El fin de la esclavitud se incluyó en la nueva constitución que México aprobó en 1824. El Imperio Británico dio el paso en 1833, tras importantes levantamientos en Jamaica y otros lugares. La controvertida medida transitoria del "aprendizaje" se levantó en 1838, eliminando la última barrera formal a la libertad. Sin embargo, los esclavos que no encontraban tierras libres solían seguir empleados por sus antiguos propietarios. En 1848 se prohibió la reintroducción de la esclavitud en las colonias francesas y se abolió el Código Negro.

En 1859, los Países Bajos abolieron la esclavitud en las partes de las Indias Orientales administradas directamente. Un momento estratégico del Ministro de Colonias Jan Jacob Rochussen. Un año más tarde, se publicó la acusación de Max Havelaar, Multatuli (Eduard Douwes Dekker) sobre la política holandesa en las Indias Orientales.

Otros cuatro años después, en 1863, los Países Bajos abolieron la esclavitud lucrativa en las colonias de las Indias Occidentales (Surinam y las Antillas Holandesas). En Europa, los Países Bajos se situaron en la franja media de los países que abolieron la esclavitud. Dinamarca, el Reino Unido y Francia habían precedido a Holanda, pero países como Portugal, España, Italia, Islandia, Bulgaria y la actual Turquía siguieron su ejemplo (mucho) más tarde. A nivel mundial, los Países Bajos se encontraban entre los países líderes en la abolición de la esclavitud.

(La placa oficial de la Sociedad Británica contra la Esclavitud)

Estados Unidos publicó la Proclamación de Emancipación del Presidente Lincoln en septiembre de 1862, cuando la abolición de la esclavitud se había convertido en uno de los objetivos de la guerra durante la Guerra Civil estadounidense. El 1 de enero de 1863, la abolición entró en vigor en los estados del norte. Las huelgas generales de esclavos contribuyeron a la derrota del sur. Al final, Matilda McCrear fue la última superviviente cuando murió en 1940,[82] y Estados Unidos fue el último en hacerlo.

Portugal y España lo hicieron incluso más tarde, argumentando que sus economías dependían de la esclavitud. En las colonias portuguesas el fin oficial llegó en 1869 y en las españolas en 1886.

En Brasil, en 1888, durante la ausencia del emperador Pedro, la princesa Isabel firmó la Lei de Aurea que abolía la esclavitud. A Pedro le costaría el trono.

La Convención de Bruselas de 1890 penalizó el comercio de esclavos africanos. Esto puso en el punto de mira el comercio de esclavos árabes en particular. El Imperio Otomano abolió la esclavitud en 1890, el último país parcialmente europeo, pero en algunos lugares el fenómeno continuó hasta principios del siglo XX.

En algunas partes de África y Asia, como Liberia, Etiopía, Arabia y las partes administradas indirectamente de las Indias Orientales Holandesas, la esclavitud siguió siendo legítima hasta el siglo XX; en la isla de Sumbawa (actualmente Sumbawa, Indonesia), los esclavos fueron liberados el 31 de marzo de 1910, y en la isla de Samosir no hasta 1914. 83] [84] En Etiopía, la esclavitud se abolió en 1931, en Bahrein en 1937, en Kuwait en 1949, en Qatar en 1952 y en Yemen en 1962.

En este último año, el príncipe heredero Faisal de Arabia Saudí liberó entre 100.000 y 200.000 esclavos de África Oriental. El golpe de Estado de 1970 de Qaboes también abolió la esclavitud en Omán. En 1981 se abolió oficialmente la esclavitud en Mauritania, convirtiéndola en el último Estado esclavista del mundo. La esclavitud no fue punible en Mauritania hasta 2007.

Tratados internacionales

Uno de los primeros tratados internacionales para abolir la esclavitud en África fue la Convención de Bruselas de 1890. Después de la Primera Guerra Mundial, el Acta General de Bruselas fue adaptada por la Convención de Saint-Germain-en-Laye (1919) y posteriormente sustituida por la Convención Internacional sobre la Esclavitud (1926) en el marco de la Sociedad de Naciones. Esta convención se completó en 1956 con la Convención Suplementaria sobre la Abolición de la Esclavitud, en el marco de las Naciones Unidas.

Además, existen diversos tratados de derechos humanos que contrarrestan directa o indirectamente las formas de esclavitud o explotación extrema. En materia de derecho laboral, se aplica un Convenio relativo al trabajo forzoso u obligatorio, 1930 (nº 29), complementado en 2014 por un protocolo modificado, en el seno de la Organización Internacional del Trabajo.

El artículo 4 de la Declaración Universal de Derechos Humanos de 1948 establece que nadie estará sometido a esclavitud o servidumbre y que la esclavitud y la trata de esclavos están prohibidas en todas sus formas.

La aparición de una legislación de aplicación general, incluso sobre la esclavitud, junto con la idea de la libertad, conduciría a lo largo de los siglos al desarrollo del principio de igualdad y, por tanto, a los llamamientos a la abolición de la esclavitud. Una afirmación importante que ya formó los preámbulos de la Declaración de Independencia estadounidense y de la Constitución de los Estados Unidos.

Capítulo 7: Las estadísticas de la trata transatlántica de esclavos

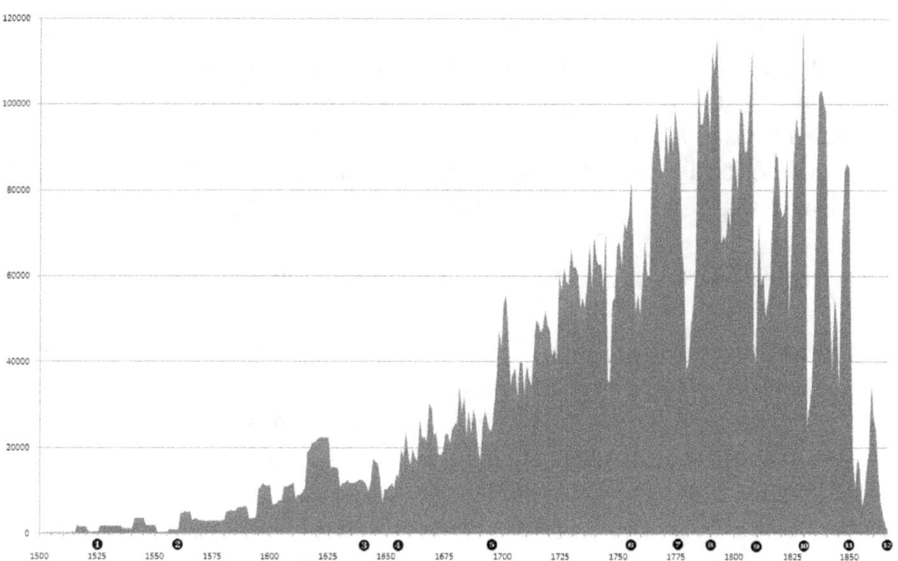

(El número estimado de esclavos enviados durante el período de 1525 a 1867)

Así, los cazadores de esclavos, en su mayoría africanos, consiguieron esclavizar a millones de personas a lo largo de los siglos. Muchos murieron antes de poder ser vendidos para su transporte, pero entre once y catorce millones fueron enviados a América. El mayor número fue a Brasil y al Caribe, alrededor del 40% cada uno, mientras que un 5% acabó en Estados Unidos.

Hasta el año 1600, aproximadamente una cuarta parte de los esclavos salía de África a través del comercio de esclavos del Atlántico, mientras que el resto salía del continente a través de los puertos del Sahara y del Mar Rojo. Después, la ruta a través del océano Atlántico se hizo más grande que la del norte y el este de África. En 1700, los esclavos eran incluso el principal producto de exportación de África.

Los portugueses aprendieron pronto a utilizar los vientos y las corrientes marinas, llamadas volta do mar. Tanto en el hemisferio norte como en el sur hay un giro, una circulación o circuito principal de corrientes marinas. Cerca de Brasil se encuentra el giro del Atlántico Sur, lo que hacía que la ruta hacia Angola fuera favorable. Por lo tanto, la gran mayoría de los esclavos destinados a Brasil procedían de allí, con Luanda como puerto principal, pero también de la bahía de Benín, con Ouidah como puerto principal, y del sudeste de África y se llevaban esclavos.
Los esclavos destinados al Caribe y a América del Norte procedían principalmente de África Occidental a través del giro del Atlántico Norte, especialmente de las bahías de Benín y Biafra y de la Costa de Oro.

Estimaciones de las estadísticas de la trata de esclavos

Cuando se carece de archivos sobre los viajes en barco, las estimaciones no suelen ser más que eso, estimaciones de carácter a menudo especulativo, al igual que, por cierto, las estimaciones sobre la evolución de la población mundial son especulativas a falta de censos. Las estimaciones más precisas del comercio transatlántico de esclavos son las de la base de datos Voyages de la Universidad de Emory, que combina datos de varios archivos nacionales. Sin embargo, incluso este enfoque tiene sus problemas, ya que los diferentes países utilizaban cada uno un sistema distinto, de modo que un barco que llegaba a una jurisdicción diferente de la que partía tenía a veces más personas a bordo de las que llevaba.

Las estimaciones del comercio a través del Sahara, el Mar Rojo y el Océano Índico son mucho más inexactas. Estas estimaciones se basan principalmente en el trabajo de Austen. En su último trabajo, asume unos diez millones de personas para el periodo 800-1900. Las estimaciones anteriores a 1600 son especialmente imprecisas y pueden variar entre dos tercios y el doble de esa cifra. Sólo las cifras del siglo XIX son algo fiables, pero todavía no al nivel de los datos sobre la trata transatlántica de esclavos. El número de esclavos en la propia África es muy especulativo, y Manning llega a una cifra de unos ocho millones.

Una de las primeras estimaciones del número de personas que hicieron la travesía forzada desde África fue la de un total de algo menos de catorce millones realizada por Dunbar en su History of the Rise and Decline of Commercial Slavery in America de 1863. Un trabajo influyente fue el de Kuczynski, que en 1936 llegó a casi quince millones de personas.
Sin embargo, se basó en Du Bois, quien a su vez se basó en el desconocido Dunbar en su obra The Negro de 1915, pero había redondeado. El propio Du Bois fijó el límite inferior en diez millones. Aunque se trataba de estimaciones muy aproximadas y sin fundamento, a pesar de las críticas, esta horquilla resultó estar en consonancia con los trabajos posteriores. No ocurre lo mismo con el número de personas que habrían muerto durante el viaje, en el que Du Bois supuso cinco de seis y llegó así a sesenta millones de personas que habían salido de África.

Curtin fue muy crítico con el modo fácil en que la cifra de quince millones había cobrado vida propia, con historiadores citándose unos a otros, de modo que los orígenes de Dunbar habían quedado completamente confusos. El trabajo de Curtin de 1969 supuso un importante impulso para llegar a una buena estimación del número de esclavos que realizaron la travesía. Su estimación de 9,566 millones de esclavos fue considerada demasiado baja por Inikori, que llegó a unos 15,4 millones de personas. Muchos científicos, entre ellos Lovejoy en 1982, afinaron esta cifra a lo largo de los años.

A lo largo de los años, surgieron diferentes tipos de conjuntos de datos sobre los viajes de los esclavos, en su mayoría basados en un solo país o puerto. Por casualidad, David Eltis y Stephen Behrendt se conocieron en 1990 en el Public Record Office mientras investigaban por separado la trata de esclavos británica. Allí surgió la idea de combinar las bases de datos. En los años siguientes, los datos se normalizaron y conciliaron, y en 1999 se publicó un CD-ROM con 27.233 viajes. En los años siguientes, la base de datos se amplió aún más, especialmente con los viajes de América Latina que aún faltaban. En 2006, la base de datos estuvo disponible en línea a través de Voyages: The Trans-Atlantic Slave Trade Database de la Universidad de Emory. Esta base de datos contiene ahora casi 36.000 viajes de esclavos. Las estimaciones sobre el número de personas que fueron capturadas y murieron antes de la travesía son mucho menos precisas.

Tasas de mortalidad de la trata de esclavos

Por término medio, alrededor del 15% de los esclavos morían durante el viaje, pero esto variaba mucho según la región de África, la estación del año y el número de esclavos a bordo. Las enfermedades gastroenterológicas, como la disentería, eran la principal causa, seguida de la fiebre. Aunque los esclavos no eran baratos y, por tanto, a los traficantes de esclavos les resultaba gratificante hacerlos cruzar con vida, durante la travesía media morían más que los miembros de la tripulación. Después de 1790, la tasa de mortalidad en los barcos británicos disminuyó considerablemente, posiblemente debido a la Ley Dolben de 1788, que ponía límites al número de esclavos que se podían llevar.

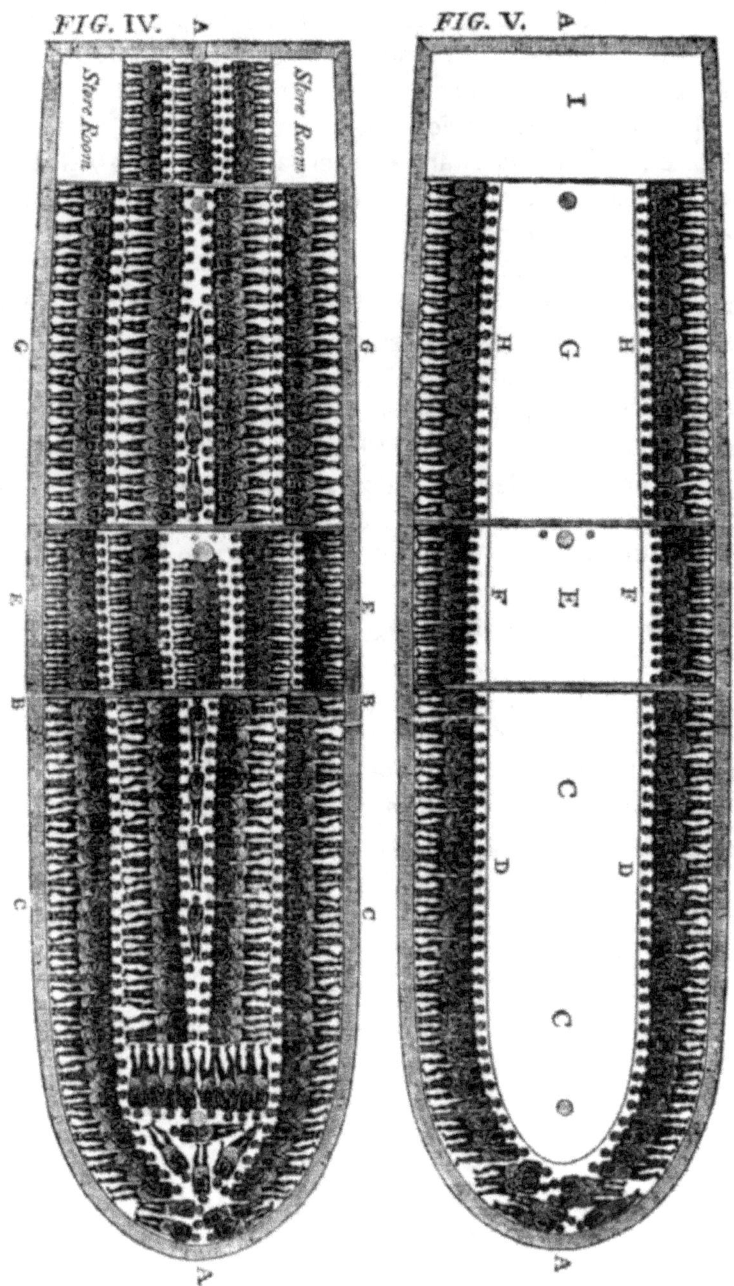

(Dibujo esquemático de un barco de esclavos utilizado durante este periodo)

Si bien la tasa media de mortalidad de la tripulación del paso intermedio era inferior a la de los esclavos, en todo el triángulo la tasa era superior también para la tripulación, en su mayoría maltratada y no siempre voluntaria. Ello era consecuencia de la mayor duración del viaje, con el trayecto de Europa a África, la estancia allí, el paso intermedio y el viaje de América a Europa. Esto podía variar mucho según el destino en África, siendo la tasa de mortalidad de los viajes al río Gambia notablemente más alta que la de los viajes a la Costa de Oro, mientras que la tasa de mortalidad también aumentaba durante la temporada de lluvias. La fiebre amarilla y la malaria eran las principales causas de muerte.

La mayoría de la tripulación murió en el viaje de cabotaje y en la travesía a América, pero incluso cuando llegaron allí murió un número considerable. El cirujano corría un mayor riesgo debido a su contacto directo tanto con los esclavos como con la tripulación. Según Thomas Clarkson, un barco perdía entre un 20 y un 25% de su tripulación durante todo el viaje.

Año Internacional de los Afrodescendientes

La Organización de las Naciones Unidas (ONU) proclamó el año 2011 como "Año Internacional de los Afrodescendientes". Con ello, la ONU quería centrar la atención en la diáspora africana. La ONU también quiere utilizar la Declaración para obligar a los Estados miembros a hacer un autoexamen en relación con la Declaración y el Plan de Acción de Durban (DDPA). Esto se decidió en la Conferencia Mundial contra el Racismo (CMR) celebrada en Durban (Sudáfrica) en 2001. En esa conferencia se reconoció que la esclavitud y la trata de esclavos son, y siempre debieron ser, crímenes contra la humanidad.

Capítulo 8: La tragedia del Congo Belga

A partir de la década de 1870, el interior del Congo fue explorado por primera vez por europeos, como David Livingstone. El explorador estadounidense de origen galés Henry Morton Stanley fue en su busca y cartografió la zona por primera vez. El rey Leopoldo II de Bélgica lo contrató para realizar sus ambiciones coloniales. Desde la costa occidental, Stanley ocupó el territorio estableciendo puestos para el Comité de Estudios del Alto Congo y la Asociación Internacional del Congo. En 1885, el territorio fue concedido a Leopoldo II en la Conferencia de Berlín. Gobernó como rey-soberano sobre este Estado Libre del Congo, donde instauró un reino de terror. El comercio de esclavos y marfil de las caravanas suahilo-árabes fue tomado por la fuerza de las armas, y la esclavitud fue sustituida en gran medida por el trabajo forzado. Desde el punto de vista financiero, la colonia, que sufría pérdidas, se mantuvo a flote gracias a los préstamos del Estado belga. A partir de 1895, el Estado congoleño aportó una fortuna al monarca gracias a la exportación de caucho para las nuevas bicicletas y coches. Gran parte del dinero lo utilizó Leopoldo para construir edificios de prestigio en Bruselas, Ostende, Tervuren y Amberes. Mientras tanto, los congoleños eran explotados. Entre 1885 y 1908, millones murieron de hambre, enfermedades y violencia.

Crímenes en el Congo Belga

El caucho se convirtió en el principal producto de exportación. Para aumentar la productividad, se introdujo un impuesto sobre el caucho. El caucho extraído (látex) debía entregarse en los puestos comerciales para pagar los impuestos. Esto creó una forma de trabajo forzado, ya que las empresas dependían cada vez más de la mano de obra congoleña para la extracción del caucho.

El Estado reclutó a una serie de funcionarios negros, conocidos como capitas, para organizar la mano de obra local. El deseo de maximizar la extracción de caucho, y por tanto los beneficios del Estado, significaba que los requisitos impuestos por el gobierno central eran a menudo arbitrarios, sin tener en cuenta las cifras o el bienestar de la población. En las zonas de concesión, los concesionarios podían utilizar casi cualquier medida que quisieran para aumentar la producción y los beneficios sin la interferencia del Estado. La falta de un gobierno que supervisara los métodos comerciales condujo a una atmósfera de "informalidad" en todo el Estado Libre, que provocó la explotación y el maltrato. El trato a los trabajadores (sobre todo la duración del empleo) no estaba regulado por la ley, sino que se dejaba a la discreción de los funcionarios sobre el terreno. La ABIR y la Anversoise se caracterizan por la dureza con la que los funcionarios tratan a los trabajadores congoleños.

Las personas que se negaban a golpear el caucho (látex) eran obligadas a salir. Los insurgentes eran golpeados o azotados con la chicotte. Se tomaban personas como rehenes para animar a la gente a acelerar la extracción de caucho y se hacían expediciones punitivas para destruir los pueblos que no cooperaban. Esta política provocó la desaparición de la vida económica y cultural congoleña, y la agricultura local se vio presionada en algunas zonas.

La aplicación de la ley estaba principalmente en manos de la Force Publique, el ejército colonial. La Fuerza se había creado en 1885, con oficiales y suboficiales blancos y soldados negros, y reclutados en Zanzíbar, Nigeria y Liberia, entre otros. En el Congo, el ejército reclutó a grupos étnicos y estratos de la población específicos, como los bangala. Los llamados Zappo-Zaps (de la etnia Songye) eran los más temidos. Los Zappo-Zaps abusaban de su posición asaltando el campo y esclavizando a la gente. En 1900, la Fuerza Pública contaba con 19.000 hombres.

El impuesto sobre el caucho y la violenta explotación de la población que lo acompañaba se originó con el establecimiento del régimen de concesiones en 1891 y duró hasta 1906, cuando se redujo el sistema de concesiones. En su apogeo, tuvo lugar principalmente en las regiones de Équateur, Bandundu y Kasai.

(Esclavos congoleños de la producción de látex)

El incumplimiento de las cuotas de caucho se castigaba con dureza. Además del encarcelamiento y la toma de rehenes, los castigos podían adoptar la forma de violencia física, por ejemplo, azotes con la chicotá, quema con chicle o muerte.

Mientras tanto, la Force Publique tenía que proporcionar las manos de sus víctimas como prueba cuando habían disparado y matado a alguien, ya que se creía que, de lo contrario, utilizarían la munición (importada de Europa a un coste considerable) para cazar. Por ello, las cuotas de goma se pagaban parcialmente con manos cortadas. A veces las manos eran recogidas por los soldados de la Force Publique, otras veces por los propios pueblos. Hubo incluso pequeñas guerras en las que las aldeas atacaron a las vecinas para cobrar las manos porque sus cuotas de caucho eran demasiado irreales para cumplirlas.

En teoría, cada mano derecha resultaba ser una muerte. En la práctica, los soldados a veces hacían trampa simplemente cortando la mano y dando por muerta a la víctima. Varios supervivientes dijeron más tarde que habían sobrevivido a una masacre haciéndose los muertos, no moviéndose incluso cuando les cortaban las manos y esperando a que los soldados se marcharan antes de buscar ayuda. En algunos casos, un soldado podía acortar su período de servicio tomando más manos que los demás soldados, lo que daba lugar a mutilaciones generalizadas de personas.

Este abuso fue denunciado en lo que se ha llamado la primera campaña humanitaria internacional. Fue impulsada por los misioneros protestantes y por la Asociación para la Reforma del Congo del periodista británico Edmund Dene Morel.

El escritor Mark Twain y otras personalidades también se pronunciaron. Mientras tanto, la presión sobre el rey aumentó en el Parlamento belga y en los círculos académicos. El informe del diplomático británico Roger Casement condujo a la creación de la Comisión Janssens, que confirmó en gran medida las acusaciones.

Poco después, Leopoldo sucumbió a la presión. Tras largos debates, Bélgica se anexionó el territorio y se hizo cargo de la colonia del rey a partir de 1908. La Carta Colonial confería el poder legislativo al rey, sujeto a la refrendación del Ministro de Colonias. Sobre el terreno, el poder lo ejercía el gobernador general.

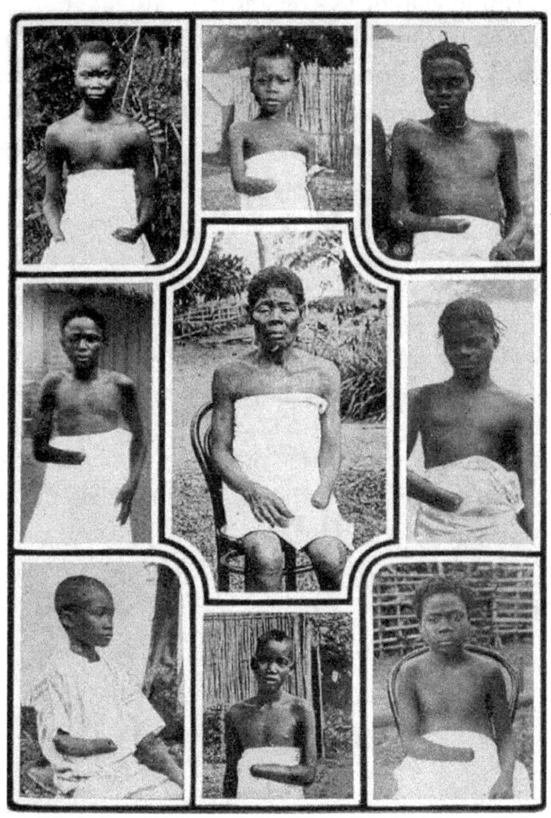

(víctimas del régimen del Congo belga)

El país pasó a llamarse Congo Belga. Los trabajos forzados disminuyeron (pero no cesaron), la gobernanza mejoró y se lograron avances en ciertas áreas.

Los congoleños podían recibir educación y atención médica, pero dentro de un sistema de segregación racial. Además, se aplicó una política que excluía a los negros de la educación superior por temor a su efecto emancipador. Los gobernantes coloniales blancos mostraban en general una actitud condescendiente y paternalista hacia la población indígena, lo que generaba resentimientos. El 9 de diciembre de 1941, los mineros que trabajaban en la Union Minière se pusieron en huelga para exigir mejores condiciones de trabajo. Muchos huelguistas fueron masacrados con salvas de ametralladoras y arrojados a una fosa común. Esta represión, que tuvo lugar durante la Segunda Guerra Mundial, siempre se mantuvo en silencio en Bélgica. Durante la Segunda Guerra Mundial, el ejército congoleño obtuvo victorias contra los italianos en Etiopía.

En los años 50, un grupo de évolués logró algunos avances. Su número fue estimado por la administración en 1958 en 175.000 personas. Eran congoleños que, tras los controles, se consideraba que habían asimilado suficientemente la cultura belga. Gozaban de un mejor estatus que los demás congoleños. En 1954 se abrió la universidad de Lovanium. En un contexto de descolonización internacional, cada vez más congoleños comenzaron a cuestionar el régimen belga. Una crisis económica en 1959 contribuyó al estallido de disturbios.

Parte 2: La esclavitud en los Estados Unidos

Capítulo 1: La esclavitud colonial y poscolonial

Así que, para hacer un resumen rápido de lo que fueron los acontecimientos, que condujeron a la esclavitud en América.

En la parte anterior, hemos examinado los acontecimientos de la historia de la trata transatlántica de esclavos. Durante la trata transatlántica de esclavos, los africanos, en su mayoría negros, fueron transportados a América del Norte y del Sur. Los jefes negros locales de África ofrecían a los esclavos, que los esclavizaban en numerosos conflictos, entre otras cosas. En lugar de obligar a estos esclavos a sudar hasta morir, matarlos ceremonialmente o venderlos a comerciantes árabes, era más rentable venderlos a los europeos. Desde Elmina (Ghana) se transportaban a América 2.000 esclavos al año.

Allí trabajaban en las plantaciones. La esclavitud existía en África antes de la llegada de los europeos, pero se llevó a cabo a una escala mucho mayor después, como se explica en la parte anterior de este libro sobre la trata transatlántica de esclavos.

El comercio de esclavos entre África y Brasil comenzó alrededor de 1550. Se calcula que 3 millones de personas, o el 37% de todos los esclavos del mundo, acabaron en este país. Los portugueses, y más tarde los brasileños, explotaron a los esclavos negros en el sector minero (de oro), sobre todo en las explotaciones de caña de azúcar, tras su independencia en 1822. La esclavitud se abolió gradualmente entre 1850 y 1888 como resultado de las protestas de los intelectuales brasileños y de la presión diplomática del Reino Unido (que veía una fuerte competencia económica en la mano de obra barata de los esclavos, pero también condenaba la esclavitud por motivos humanitarios).

En el proceso, los negros fueron deshumanizados, ridiculizados y considerados como inferiores y animales. En el comercio transatlántico de esclavos, la deshumanización fue un componente crucial. En un principio, la justificación se buscaba en la Biblia, donde, entre otros lugares, se maldice a los descendientes de Cham en el Génesis 9 (Martín Lutero pensaba que Cham era el origen de todos los morenos). Sin embargo, más tarde, la justificación se encontró sobre todo presentando a las víctimas como inferiores y salvajes, lo que contribuyó considerablemente al aumento del racismo.

Algunos grupos cristianos protestantes, en particular los cuáqueros y los menonitas, fueron de los primeros en Europa en oponerse a la esclavitud, en particular a la trata de esclavos, en el siglo XVII. El pietismo y la Ilustración impulsaron el movimiento antiesclavista en el siglo XVIII. La esclavitud se mantuvo en varias colonias europeas de América del Norte y del Sur que obtuvieron la independencia de sus países de origen europeos entre 1770 y 1900, dirigidas por colonos europeos. No fue así en las colonias que se independizaron bajo un liderazgo no colonial, como Haití, donde una exitosa rebelión de esclavos negros (1791-1804) dio lugar a la descolonización y la abolición de la esclavitud simultáneamente.

Desde finales del siglo XVIII, el abolicionismo, o el sentimiento antiesclavista, creció en los países europeos y en sus excolonias americanas: en primer lugar, se prohibió en Europa la retención de esclavos (no europeos), aunque esta prohibición rara vez se aplicó. La esclavitud fue abolida por los revolucionarios franceses en 1794, pero se restableció ocho años después. Después de las guerras napoleónicas, el Reino Unido prohibió el comercio de esclavos, y otros gobiernos europeos y (antiguas) colonias siguieron su ejemplo. La esclavitud se perpetuó en el Imperio Británico hasta 1833, en los Países Bajos hasta 1863 y en Estados Unidos hasta 1865, incluso sin el comercio de esclavos.

Debido al racismo y a las enormes sumas de dinero implicadas en ambos, la oposición a la abolición de la trata de esclavos y de la esclavitud era fuerte. Casi todos los gobiernos compensaron a los antiguos propietarios de esclavos cuando éstos fueron liberados. En este sentido, Estados Unidos es una excepción. Los esclavos no recibían ninguna compensación y a menudo se les obligaba a trabajar tras la abolición de la esclavitud.

El comercio de esclavos y la esclavitud, según el historiador Williams, contribuyeron a la prosperidad y el crecimiento europeos. En su libro de 1944 Capitalism and Slavery (El capitalismo y la esclavitud) afirmó que la esclavitud contribuyó de forma significativa al capitalismo temprano y financió la Revolución Industrial. Williams también refutó la creencia popular de la época de que el abolicionismo estaba motivado principalmente por razones humanitarias.

Por ejemplo, afirmaba que si Pitt hubiera conquistado Saint-Domingue, habría evitado la abolición, ya que Saint-Domingue, donde se necesitaban 40.000 esclavos al año para mantener a flote los campos de caña de azúcar, no tendría ningún valor sin ellos. Aquí formuló la tesis de Williams, o la necesidad económica de la esclavitud para permitir la revolución industrial, que entonces haría que la esclavitud no fuera rentable.

El capitalismo comercial del siglo XVIII desarrolló la riqueza de Europa mediante la esclavitud y el monopolio. Pero al hacerlo contribuyó a crear el capitalismo industrial del siglo XIX, que dio la vuelta y destruyó el poder del capitalismo comercial, la esclavitud y todas sus obras. Sin comprender estos cambios económicos, la historia del período carece de sentido.

Posteriormente, esa misma revolución y el capitalismo industrial resultante convirtieron la esclavitud en algo obsoleto. Esta tesis de Williams se ha convertido posteriormente en objeto de un gran debate, pero parece haber fuertes indicios de que la tesis puede no sostenerse en su totalidad, sino al menos en aspectos importantes. Se ha argumentado en contra de la tesis que la importancia económica y la rentabilidad del comercio de esclavos eran mínimas para Europa.

Sin embargo, esto deja de lado el hecho de que la esclavitud fue muy importante para hacer posible la colonización de las Américas y, por tanto, puso en marcha un desarrollo de la expansión europea unido al desarrollo de nuevos instrumentos financieros. También fue Williams quien argumentó que el racismo se derivaba principalmente de la esclavitud por la necesidad de justificación y la deshumanización que la precedía.

Capítulo 2: Esclavos en un mundo nuevo

Lo que mucha gente puede no saber es que los esclavos en las Américas, provenían de muchas culturas y razas diferentes. Para tener una buena perspectiva de la prehistoria afroamericana, tenemos que echar un breve vistazo a lo que ocurrió durante ese periodo de tiempo.

Esclavos blancos

Entre 1512 y 1693, los esclavos blancos y las mujeres esclavizadas fueron llevados al Caribe, primero por los españoles y luego por otros. Entre 1654 y 1685, unos 10.000 sirvientes, trabajadores obligados por contrato, salieron de Bristol hacia las Indias Occidentales y Virginia. Algunos llegaron voluntariamente; otros habían sido secuestrados en las calles de Londres y Bristol. Más tarde, los delincuentes fueron llevados desde Inglaterra a las Indias Occidentales como trabajadores forzados. Las colonias francesas tenían engagés. Los Estados de Holanda decidieron en 1684 enviar a los criminales de la provincia de Holanda a De West (Surinam) en lugar de encerrarlos en casas disciplinarias.

Nativos americanos

Durante la colonización de América, los españoles entraron en guerra con varias civilizaciones poderosas, y uno de los medios para someterlas fue obligar a los conquistados a trabajar como esclavos. Los informes de Bartolomé de las Casas, monje dominico e historiador, sobre la condición inhumana de los esclavos encontraron cierta resonancia en la casa real española. Pero, sobre todo, la alarmante diezma de la población nativa llevó a la promulgación de leyes reales para proteger a la población indígena. Los dueños de las plantaciones recurrieron cada vez más a África para conseguir esclavos.

En la colonia española de Santo Domingo (más tarde capital de la República Dominicana) el gobernador Ovando (desde 1502) obligó a los indios a trabajar en las plantaciones de caña de azúcar y en el lavado de oro. Que miles de indios murieran en el proceso le dejó frío. Cada plantador recibía el número de indios necesarios para su agricultura y lavado de oro.

Esta división del trabajo, llamada repartimiento, resultó mal para los indios. Sus amos les obligaban a realizar trabajos muy duros, durante los cuales se les negaba la comida necesaria. Si intentaban escapar de su destino huyendo a las montañas, eran perseguidos por sabuesos. Si eran capturados, les esperaba un castigo terrible. Tenían que trabajar encadenados como esclavos. Para ello tenían que soportar los necesarios azotes. Aquí y allá los oprimidos se atrevían a resistir. Fueron castigados con extrema severidad por ello. Los jefes de la rebelión murieron bajo las más horribles torturas y sus subordinados fueron obligados a realizar los trabajos más duros. Muchos indios murieron de hambre y miseria. Pero un número considerable también se quitó la vida.

Asiáticos

También había esclavos en Batavia, en el siglo XVIII incluso más del 60% de la población. Estos habían sido traídos por miles desde la India y Arakan (Birmania), y más tarde también desde Bali y Célebes. Sin embargo, para evitar rebeliones, no se permitió esclavizar a ningún javanés.

Africanos

Hacia 1660, surgió una escasez de mano de obra en EE.UU. Los agricultores de Nueva Carolina y Virginia fueron los primeros en empezar a utilizar esclavos africanos para la cosecha de tabaco. Virginia fue también el primer estado en cambiar sus propias leyes: los negros que no eran cristianos en su tierra natal eran considerados esclavos. Se empezó a importar esclavos de África a gran escala. Los líderes de las tribus negras habían descubierto que era lucrativo no matar a los prisioneros capturados en una guerra tribal, como era habitual en la época, sino ofrecerlos en venta a buen precio.

Los esclavos se empleaban principalmente en el cultivo y procesamiento de la caña de azúcar. La vida de estos esclavos era muy dura. Se les mantenía bajo un régimen de terror. La tasa de mortalidad en las plantaciones solía superar con creces la tasa de natalidad.

Cuando los ingleses, holandeses y franceses tomaron posesión de gran parte de las islas del Caribe y las Guayanas en el siglo XVII, también comenzaron a establecer allí plantaciones de caña de azúcar, utilizando esclavos negros. Las condiciones de vida en las plantaciones no solían ser mejores que las de Estados Unidos.

Entre 1500 y 1850, unos 11 millones de africanos fueron transportados a través del Atlántico como esclavos. Por término medio, alrededor del 15% de los esclavos murieron en tránsito, de forma similar a las muertes de la tripulación. Con unos 550.000 esclavos, los Países Bajos representaban el 5% del total del comercio transatlántico de esclavos.

En el siglo XVIII, la esclavitud también comenzó a desarrollarse en las colonias inglesas de la costa de América del Norte, la costa este de lo que luego sería Estados Unidos. Aquí la tasa de mortalidad entre los esclavos era en general menor que la de natalidad, quizá debido a un trato algo mejor, o al clima menos tropical, que facilitaba el control de las enfermedades. Las condiciones de vida de los esclavos negros tampoco eran realmente buenas.

Los esclavos fugados fundaron comunidades en lugares inaccesibles. Estas comunidades cimarronas surgieron en muchos lugares, desde el Amazonas hasta los estados estadounidenses de Florida y Carolina del Norte. En muchas ocasiones, los cimarrones libraron una guerra de guerrillas contra los propietarios de las plantaciones.

Capítulo 3: Estados Unidos

Después de que las trece colonias de la costa este norteamericana se liberaran del dominio británico durante la Guerra de la Independencia (1775-1783), la esclavitud se mantuvo en Estados Unidos. Varios presidentes como Washington, Jefferson, Madison, Monroe, Jackson, Tyler, Polk y Taylor mantuvieron ellos mismos esclavos en sus, a veces, extensas fincas durante sus presidencias. Sin embargo, la discrepancia entre esta libertad de los excolonos blancos y la negación del mismo derecho a sus congéneres de color se hizo sentir cada vez más, y el movimiento abolicionista estadounidense no tardó en despegar (la propia palabra abolicionismo data de 1787). En 1804, los distintos estados del norte habían abolido la esclavitud. El 1 de enero de 1808 se prohibió en todo el país el comercio de esclavos procedentes de África. Junto con el Reino Unido, Estados Unidos estableció un control sobre el contrabando de esclavos en 1814.

En los Estados del Sur, los esclavos trabajaban en el cultivo de la caña de azúcar y en las plantaciones de algodón y tabaco. Éstas abastecían de algodón a la industria textil inglesa y algunos también deseaban poder mantener a los esclavos en las plantaciones de los nuevos estados reclamados. A partir de finales del siglo XVIII aumentan las protestas contra la esclavitud. La Ley de Prohibición de la Importación de Esclavos prohibió la importación de nuevos esclavos de África desde 1808. La venta de esclavos nacidos en Estados Unidos seguía siendo posible. Por lo tanto, los propietarios de esclavos a menudo tenían que confiar en el crecimiento natural de su población y obligaban a las mujeres a tener hijos. En 1819, un reglamento garantizó que los estados al norte de los 36°30' de latitud ya no podían tener esclavos. Los estados al sur de esta latitud seguían pudiendo hacerlo. A partir de 1830, la revista Liberator apareció en el norte de Estados Unidos con propaganda a favor del abolicionismo, el objetivo de abolir la esclavitud. Esto puso de los nervios a los sureños hasta tal punto que persiguieron a los abolicionistas y quemaron sus escritos. Las leyes federales obligaban a los estados del Norte a entregar a los esclavos fugados y a permitir a los cazarrecompensas que localizaran a los esclavos fugados.

Además, los ciudadanos de piel oscura eran secuestrados y vendidos regularmente en los estados esclavistas. La ideología también bloqueaba todas las opciones políticas; nadie quería meter los dedos en el problema. El Imperio Británico abolió la esclavitud en 1833, tras las críticas recibidas tanto desde el punto de vista religioso como económico. Por ejemplo, Adam Smith sostenía que un trabajador libre era más productivo que un esclavo y que los empresarios con esclavos no innovaban. La esclavitud dejó de existir en el Norte en 1860 porque el sistema ya no resistía la falta de rentabilidad.

El Norte también consideró que la esclavitud era cada vez más objetable desde el punto de vista moral. Los cuáqueros crearon el Ferrocarril Subterráneo para ayudar a los fugitivos. Esta red secreta de huida utilizaba un lenguaje codificado de la jerga ferroviaria. Un "conductor" era un ayudante en el camino y una "estación" un lugar seguro. Los esclavos viajaban sobre todo de noche y en barco porque las posibilidades de ser capturados eran menores en los ríos. Los cazadores de recompensas los perseguían como sabuesos a lo largo de cientos de kilómetros de rutas de escape que solían discurrir hacia el noroeste, hacia los estados libres. A los que huían hacia el norte se les aconsejaba seguir la Estrella del Norte. El ferrocarril dio lugar a desacuerdos y compromisos políticos. En 1850, la "Ley del Esclavo Fugitivo" convirtió la ayuda a los fugitivos en un delito y llegó a ser obligatorio devolverlos, incluso en los estados del Norte. Sin embargo, el ferrocarril siguió existiendo, para disgusto del Sur.

El ferrocarril subterráneo

El Ferrocarril Subterráneo era una red clandestina de rutas de contrabando (a menudo ad hoc) en Estados Unidos a través de la cual los esclavos fugados podían salir de los estados del sur de Estados Unidos y buscar refugio en los estados del norte que protegían a los esclavos fugados, o bien en Canadá.

Antecedentes políticos

El ferrocarril fue una fuente de gran resentimiento entre el Norte y el Sur de los Estados Unidos.

Muchos norteños simpatizaban con quienes ayudaban a poner a salvo a los esclavos fugados. Los sureños exigieron durante años la promulgación de amplias leyes que hicieran obligatorio el acorralamiento de los esclavos fugitivos. En 1850, el Congreso aprobó dichas leyes. Esto impidió que los antiguos esclavos permanecieran en Estados Unidos y eliminó todas las rutas del ferrocarril que no fueran a Canadá.

Operación

El Ferrocarril Subterráneo consistía en escondites y otras instalaciones propiedad de simpatizantes del movimiento abolicionista. Funcionaba como muchos movimientos de resistencia a gran escala: con muchas células sueltas que sabían poco de otras células y que en realidad sólo conocían a algunas de sus "células vecinas". Los esclavos que huían viajaban de una estación de paso a otra, llegando al Norte en varias etapas. Los principales empleados del Ferrocarril eran antiguos esclavos, además de cuáqueros (miembros de la Sociedad de Amigos) y miembros de la Iglesia Metodista Wesleyana (un movimiento metodista del protestantismo), que tenían una aversión religiosa a la esclavitud.

El principal destino final de los esclavos fugitivos del ferrocarril era el estado de Ontario, al sur de Canadá, alrededor de la península del Niágara y la ciudad de Windsor. Aproximadamente 30.000 personas huyeron con éxito a Canadá. Esto provocó un importante aumento de la población en las colonias canadienses, aún escasamente pobladas, y estos colonos constituyeron la base de la actual población negra de Ontario.

El Ferrocarril Subterráneo dejó de existir tras el estallido de la Guerra Civil estadounidense en 1861.

La incursión de John Brown

El 16 de octubre de 1859, el abolicionista radical John Brown dirigió un asalto al arsenal: esperaba capturar armas para utilizarlas para armar a los esclavos en el Sur y así desencadenar una rebelión. Los marines al mando del coronel Robert E. Lee ayudaron a la milicia local a dominar a Brown y sus hombres. Brown fue juzgado por el estado de Virginia por alta traición, condenado a muerte y colgado en la cercana Charles Town.

El violento ataque abolicionista dirigido por John Brown contra el depósito nacional de municiones de Harpers Ferry en 1859 fue condenado por el Norte y el Sur. Sin embargo, el intento de obtener armas para una revuelta de esclavos exacerbó la tensión entre ambos bandos.

La Guerra Civil

La Guerra Civil estadounidense fue un desastre para Harpers Ferry: la ciudad cambió de manos ocho veces. En 1861, las armas y la maquinaria del arsenal se llevaron al Sur en beneficio de los esfuerzos armamentísticos dirigidos por Josiah Gorgas.

En septiembre de 1862, Thomas "Stonewall" Jackson capturó la ciudad como preparación para la invasión de Maryland que conduciría a la batalla de Antietam. Al tomar la ciudad, más de 12.000 soldados del Norte se rindieron.

Tras el final de la Guerra Civil, Harpers Ferry se separó de Virginia con el resto del condado de Jefferson y el de Berkeley (bajo protesta) y se anexionó a Virginia Occidental.

En los próximos capítulos analizaremos más a fondo los acontecimientos de la guerra civil y la abolición de la esclavitud en Estados Unidos.

Capítulo 4: John Brown

John Brown, nacido en Torrington (Connecticut) el 9 de mayo de 1800 y fallecido en Charles Town (Virginia) el 2 de diciembre de 1859, fue un militante estadounidense que luchó contra la esclavitud en Estados Unidos. Fue ahorcado en 1859 tras un intento fallido de iniciar una revuelta de esclavos.

John Brown, nacido en Torrington (Connecticut) el 9 de mayo de 1800 y fallecido en Charles Town (Virginia) el 2 de diciembre de 1859, fue un militante estadounidense que luchó contra la esclavitud en Estados Unidos. Fue ahorcado en 1859 tras un intento fallido de iniciar una revuelta de esclavos.

Kansas

Brown nació en Connecticut, pero pasó la mayor parte de su infancia en Ohio. Estudió brevemente en Massachusetts y Connecticut antes de regresar a Ohio. En 1820 se casó con Dianthe Lusk, con quien tendría 7 hijos. En 1833, un año después de la muerte de su primera esposa, se casó con Mary Ann Day, que era 17 años más joven que él. Con su segunda esposa, Brown tuvo 13 hijos más. A partir de 1837, trabajó intensamente por la abolición de la esclavitud en Estados Unidos, incluyendo un programa educativo para jóvenes negros.

En 1855, Brown y algunos de sus hijos partieron hacia Kansas, donde se libraba una batalla entre las facciones pro y antiesclavistas por el control del territorio. Esta batalla (Bleeding Kansas) sería decisiva para determinar si Kansas se incorporaría a la Unión como estado esclavista o como estado libre. Brown lideró un grupo de abolicionistas contra el grupo de militantes pro-esclavistas que operaban desde Missouri. En mayo de 1856, Brown y su grupo tomaron represalias por el asesinato de abolicionistas en Lawrence, Kansas, matando a 5 militantes cerca de Pottawatomie Creek. Este acto le valió a Brown la notoriedad nacional.

Después de que las elecciones en Kansas hicieran finalmente que el territorio quedara libre de esclavos, Brown regresó e hizo planes para iniciar una rebelión armada entre los esclavos de los estados del sur de Estados Unidos. Recaudó dinero, incluso de Gerrit Smith, para proporcionar armas y municiones y reunió a un grupo de hombres a su alrededor para llevar a cabo su plan.

Harpers Ferry

Brown alquiló una granja cerca de Harpers Ferry (Virginia, ahora en Virginia Occidental) con el objetivo de capturar un depósito de armas del ejército estadounidense. Con sólo 21 hombres, muchos menos de los que Brown esperaba, el grupo atacó el depósito el 16 de octubre de 1859 y tomó la ciudad de Harpers Ferry.

Su plan era distribuir las armas y municiones del depósito entre los esclavos y provocar un levantamiento, empezando por Virginia. La noticia del ataque llegó a Washington D.C. al día siguiente, tras lo cual una unidad de marines comandada por Robert E. Lee, junto con la milicia local, rodeó a Brown y sus hombres. Se produjo un breve encuentro en el que murieron diez de los hombres de Brown (incluidos dos de sus hijos). Otros siete, incluido el propio Brown, fueron capturados.

John Brown fue entonces juzgado y declarado culpable de traición y condenado a muerte. Los medios de comunicación (del norte) informaron ampliamente sobre su juicio. A Brown se le consideró como un mártir de los esclavos negros o como el primer terrorista de Estados Unidos. Frederick Douglass, el conocido abolicionista negro, desaprobó sus métodos violentos, mientras que otros lo retrataron como un héroe.

El 2 de diciembre de 1859, Brown fue ejecutado en la horca.

Polarización

La lucha militante de Brown contra la esclavitud y su ejecución polarizaron aún más las opiniones del país sobre la esclavitud. Menos de dos años después de su ejecución, estalló la Guerra Civil estadounidense, y los soldados de la Unión del Norte cantaban a veces la canción John Brown's Body, escrita en honor de Brown, antes de entrar en combate.

Capítulo 5: La Guerra Civil

La Guerra Civil Americana (Guerra entre los Estados) fue un conflicto de cuatro años, de 1861 a 1865, en los Estados Unidos entre los Estados del Norte (la Unión) y los Estados del Sur (la Confederación). Se produjeron sangrientas batallas y campañas en muchos estados. La guerra comenzó con el ataque de la Confederación a Fort Sumter el 12 de abril de 1861. La batalla de Bull Run, el 21 de julio de 1861, fue la primera gran batalla.

La guerra terminó efectivamente tras la rendición del general Robert E. Lee después de la batalla de Appomattox a principios de abril de 1865. La última batalla se libró el 13 de mayo de 1865 en el rancho Palmito, en Texas. En junio, el Sur se rindió y los norteños ganaron. Se calcula que hubo 695.027 muertos y 543.926 heridos.

Causas de la Guerra Civil

Varias fueron las causas: las tensiones políticas entre el gobierno federal y los estados; entre republicanos y demócratas; las tensiones económicas entre el Norte industrial y el Sur agrícola o el proteccionismo frente a la idea del libre comercio y las tensiones sociales debidas a la esclavitud del Sur y la gran propiedad de la tierra frente a los pequeños agricultores del Norte. También hubo una ley de registro con la que los estados del Sur no estaban de acuerdo.

La cabaña del tío Tom

La idea de que la guerra surgió para abolir la esclavitud puede ser matizada. Esta idea se originó en parte con las reacciones a la novela abolicionista La cabaña del tío Tom, escrita por Harriet Beecher Stowe. La Ley de 1850 la inspiró a escribir sobre la esclavitud inhumana y el libro se convirtió en un éxito de ventas.

Sin embargo, la abolición de la esclavitud fue un resultado de la Guerra Civil, no una causa. En un principio, el conflicto consistió en una disputa fuera de control sobre la extensión de la esclavitud a los estados recién formados, conocidos como territorios. A medida que Estados Unidos se expandía hacia el oeste, surgió la cuestión de si estos estados podían tener esclavos. Los norteños no estaban de acuerdo con la expansión; los demócratas del sur creían que los dueños de esclavos podían llevar su propiedad a cualquier parte.

Una decisión militar

En 1862, Lincoln encontró en la abolición de la esclavitud un medio para evitar la injerencia extranjera en la guerra. Inglaterra y Francia no tenían esclavos desde hacía décadas y criticaban la esclavitud en EE.UU. La abolición haría moralmente imposible que se pusieran del lado del Sur. Con ese fin, Lincoln firmó una orden presidencial. La Proclamación de Emancipación decretaba que todos los esclavos de las zonas rebeldes eran libres.

Lincoln mató dos pájaros de un tiro: se libró de la amenaza extranjera Y aumentó el número de efectivos de su presionado ejército en casi 200.000 individuos negros motivados. En este contexto, Lincoln envió una propuesta al Congreso para la primera enmienda a la Constitución en casi setenta años: una enmienda para abolir la esclavitud. Con esta enmienda en la mano, los líderes de la comunidad negra libre hicieron un llamamiento a todos los negros para que se apuntaran en masa al servicio militar. Los esfuerzos de Frederick Douglass en este ámbito son famosos.

A principios de 1864, las primeras compañías de color llegaron a las armas, y pronto los negros fueron desplegados a lo largo de toda la línea, para consternación de los sureños, que no tomaron a los soldados negros como prisioneros de guerra tras la rendición, sino que los masacraron. Lincoln se cargó con otro problema con su proclamación. La población civil del Norte temía que los esclavos liberados compitieran en su mercado laboral. Con ello, Lincoln tomó una medida impopular durante una guerra ya impopular.

La economía antes de la Guerra Civil

En 1860, los estados del Sur se sentían económicamente desfavorecidos. El Norte era el centro industrializado de Estados Unidos. Las empresas metalúrgicas, las fábricas de tejidos, los mataderos, las fábricas de armas y otras industrias innovadoras aportaban riqueza. El Norte tenía 110.000 fábricas con 1,3 millones de trabajadores; el Sur sólo tenía 18.000 fábricas con 110.000 trabajadores.

El Norte poseía 32.000 km (22.000 millas) de infraestructura ferroviaria, el Sur 14.400 km (9.000 millas). En 1860, el Norte produjo 470 locomotoras de vapor, frente a sólo 17 en el Sur. La conversión del Norte a la producción bélica también fue más suave: el Norte producía 32 veces más armas que el Sur, representando casi el 97% de la industria armamentística. El Norte también era más moderno, más democrático y más liberal. En comparación con el Norte, el Sur estaba mal dotado.

La economía agraria del Sur pseudoaristocrático era feudal y tradicional: se cultivaba algo de grano y trigo, pero el peso económico recaía en los ricos latifundistas que cultivaban algodón y tabaco con esclavos. El Norte no sólo se desarrolló más rápidamente que el Sur, sino que distribuyó mejor su riqueza. La industria trajo puestos de trabajo a los más pequeños. En el Sur, los sin tierra podían elegir entre vivir en la marginalidad o una existencia como siervo o soldado.

El desequilibrio de la riqueza se había producido principalmente por el desarrollo unilateral de la economía del Sur y su dependencia de las importaciones de alimentos del Oeste, de las importaciones de productos manufacturados y utensilios del Norte y del crédito del Nordeste. Las exportaciones de la producción del Sur pasaban por Nueva York, que se embolsaba una parte de los beneficios.

Demografía, representación y fiscalidad

La demografía afectó a la participación política y a la presión fiscal en el
Sur. Las personas más instruidas y los ciudadanos que podían desplazarse
se trasladaron al norte.

Allí la población creció hasta los 21 millones frente a una población sureña
de nueve millones, incluidos cuatro millones de esclavos. La población de
un estado determinaba el número de delegados en el Congreso. El Senado
siempre tenía dos senadores por cada estado, lo que mantenía el
equilibrio entre los estados esclavistas y los libres. En 1820 se produjo el
Compromiso de Missouri, que estipulaba que Missouri se unía como
estado esclavista y Maine, como escisión de Massachusetts, como estado
libre. El compromiso de 1787 estipulaba que los esclavos contaban por
tres quintos (60%) para determinar el número de miembros del Congreso,
así como para determinar la cuantía del impuesto.

Derechos de los Estados

Otro factor que puso a prueba las relaciones fue la lucha entre el sentido
de independencia de los estados frente a la influencia del gobierno
federal. Los Estados del Sur deseaban la independencia del gobierno y
desconfiaban de cualquier forma de "gobierno".

Incentivo

La ocasión fue la elección del 6 de noviembre de 1860 del republicano
liberal Abraham Lincoln como presidente. Éste realizó una campaña
neutral para no ofender a los partidarios o a los opositores de la
esclavitud. Su deseo de evitar la extensión de la esclavitud al Oeste era
inaceptable para los estados del Sur.

Además, fue elegido exclusivamente con votos del Norte, California y Oregón, por lo que el Sur percibió la elección como un ataque. El 20 de diciembre, el primer estado del Sur, Carolina del Sur, se separó. El 6 de febrero de 1861, Mississippi, Florida, Alabama, Georgia, Luisiana y Texas se unieron y formaron los Estados Confederados de América con su propia constitución y el establecimiento de su capital en Montgomery, Alabama. El 9 de febrero, eligieron a Jefferson Davis como presidente.

Nueve días después, el 18 de febrero, prestó juramento oficialmente. Esto el Norte, liderado por el presidente saliente James Buchanan, lo consideró intolerable. El 4 de marzo, Lincoln juró su cargo como decimosexto presidente y en su discurso inaugural rechazó la secesión. Pidió a los renegados que restablecieran los lazos de la Unión y envió ayuda al Fuerte Federal Sumter para el puerto de Charleston.

Escalada

La restauración de la Unión fue rechazada. Para reforzar su negativa, Carolina del Sur consideró que Fort Sumter era una ocupación indeseable. La milicia de Carolina del Sur procedió a asediarlo. El 12 de abril hicieron el primer disparo contra el fuerte y continuaron disparando hasta la rendición. En los días siguientes, Virginia, Arkansas, Tennessee y Carolina del Norte se unieron a los Estados Confederados. Los siguientes estados se separaron cronológicamente.

- Carolina del Sur (20 de diciembre de 1860)
- Mississippi (9 de enero de 1861)
- Florida (10 de enero de 1861)
- Alabama (11 de enero de 1861)
- Georgia (19 de enero de 1861)
- Luisiana (26 de enero de 1861)
- Texas (1 de febrero de 1861)
- Virginia (17 de abril de 1861)
- Arkansas (6 de mayo de 1861)
- Tennessee (7 de mayo de 1861)
- Carolina del Norte (21 de mayo de 1861)

No todos los estados esclavistas se unieron a la Confederación. Varios estados de la frontera norte-sur no lo hicieron, ya que el cultivo del tabaco disminuyó debido a la erosión del suelo y la esclavitud perdió importancia allí. Missouri y Kentucky tenían dos gobiernos separados: uno de la Unión y otro de la Confederación. Virginia Occidental se separó de Virginia y fue admitida formalmente en la Unión como estado separado el 20 de junio de 1863.

Se habían producido disturbios contra la Unión en Maryland, incluso en la ciudad más grande, Baltimore. Lincoln había enviado tropas desde el norte y se había declarado la ley marcial y se había arrestado a la mayoría de los defensores prominentes de la secesión, lo que hacía imposible que el estado se uniera a la Confederación.

Delaware permaneció con la Unión, pero el 18 de febrero de 1865, justo antes de que la Confederación se rindiera, Delaware votó en contra de la abolición de la esclavitud. No fue hasta el 12 de febrero de 1901 que este estado ratificó la 13ª Enmienda a la Constitución.

Puntos fuertes y débiles

Los estados opuestos eran 11 estados con una población de 9 millones (de los cuales 4 millones eran esclavos) y 23 estados con una población de 22 millones. El Norte no sólo era numéricamente más fuerte, sino que también tenía las ventajas de la industria y una flota que bloqueaba los puertos del Sur. El Sur tenía mejores militares y contaba con el apoyo inglés y francés. Los gobiernos francés e inglés estaban a favor del Sur, pero no tomaron partido abiertamente, porque la opinión pública era partidaria del Norte.

Inglaterra dependía para su industria y población del suministro de algodón del Sur y de grano del Norte y se mantuvo oficialmente neutral. En privado, Inglaterra apoyó al Sur suministrando, tripulando y armando los barcos corsarios Alabama, Florida, Georgia y Shenandoah. Los norteños estaban indignados por la conducta de Inglaterra. Lincoln carecía inicialmente de buenos líderes militares, lo que le hizo sufrir derrota tras derrota durante los dos primeros años. Esto explica al mismo tiempo la larga duración de la guerra.

Secesionismo

El secesionismo -el movimiento de secesión- no fue llevado a cabo por todo el Sur.

Sam Houston, el gobernador que llevó a Texas a la Unión, calificó la secesión de su estado como el día más triste de su vida. Dimitió y dejó la política. El oeste de Tennessee también se resistió a la secesión. Los condados más lejanos de Winston y el norte de Virginia fueron los que más se opusieron. Se secesionaron y en 1863 los condados de Virginia del Norte se unieron a la Unión como el estado de Virginia Occidental.

Sentimiento antibélico

Con el tiempo, el sentimiento antibélico creció en el Norte. Comenzó cuando a la Unión le fue mal y las muertes se acumularon sin resultados. Entre 1862 y 1864 hubo protestas por la guerra en la Unión y llamamientos para que el Sur se fuera. El hecho de que hubiera muchas personas que vivían en el Norte que no se oponían a la esclavitud y querían impedir la liberación de los esclavos por temor a sus puestos de trabajo empeoró a veces las cosas, culminando en los levantamientos en Nueva York en el distrito de Five Points. Los norteños más moderados que buscaban una solución pacífica fueron llamados "Copperheads".

Expectativa

La expectativa en el Norte era que una gran y sangrienta batalla pondría fin a la guerra en noventa días. Esa batalla se convirtió en la Primera Batalla de Bull Run, el 21 de julio de 1861. Los norteños, bajo el mando del general de división Irvin McDowell, comenzaron enérgicamente contra las fuerzas de los generales sureños Joseph E. Johnston y P.G.T. Beauregard.

A lo largo de la mañana, el pronóstico de 90 días parecía realista. Al mediodía, Beauregard atrajo a los norteños a una trampa y tomó la iniciativa. Al final del día, los norteños huyeron hacia Washington D.C., y quedó claro que la guerra sería larga. El Sur celebró la victoria trasladando la capital al recién unido estado de Virginia, a Richmond, cerca de la frontera con el Norte. Allí, asustados y temiendo que aún más estados abandonaran la Unión, aprobaron el 25 de julio la Resolución Crittenden-Johnson que confirmaba el mantra de Lincoln: la guerra era para preservar la Unión, no para acabar con la esclavitud.

El Plan Anaconda

Tras la derrota en Bull Run, Lincoln pasó a planificar una guerra larga. Se fijó en un plan del mayor general Winfield Scott: el Plan Anaconda. Éste implicaba el cerco del Sur y su cierre al resto del mundo. Scott era más realista que los patriotas del Sur que hablaban de luchas heroicas por la libertad. Scott sabía que el Sur no podría sobrevivir sin líneas de suministro. Su plan Anaconda consistía en conquistar el curso de los ríos Mississippi y Tennessee, bloqueando los puertos marítimos del Sur para tomar Richmond después de debilitarse. El plan fue ampliamente aceptado y su ejecución comenzó a principios de 1862.

Hasta la rendición de Robert E. Lee en 1865 y el final de la guerra, este plan siguió siendo el principio rector de todo lo que hizo el Norte. A pesar de la eficacia del bloqueo, la Confederación, con el general Josiah Gorgas de Pensilvania, consiguió abastecer a sus ejércitos de armas y municiones durante la guerra. Para llevar a cabo el plan, el Ejército de los Estados Unidos se dividió en un Ejército del Oeste bajo el mando del General H.W. Halleck y un enorme Ejército del Este, el Ejército del Potomac de 500.000 hombres.

El Frente Oriental hasta 1863

El mando fue otorgado al general George B. McClellan. Se preparó para luchar a través del río Potomac contra Robert E. Lee y su nuevo Ejército del Norte de Virginia y avanzar hacia Richmond.

El entrenamiento de George B. McClellan fue sobresaliente y famoso, su mando en el campo de batalla no tanto. Se demoró durante meses antes de ascender en el verano de 1862. Entonces se dejó engañar por P.G.T. Beauregard, que le convenció con una treta de que su división era enorme. McClellan tardó semanas en sortear y llegar a Richmond. Allí le esperaban Lee y su ejército al completo. El Ejército del Potomac fue espectacularmente derrotado por Lee. Gran parte de las fuerzas de McClellan fueron puestas bajo el mando del general John Pope, que sufrió una aplastante derrota en la segunda batalla de Bull Run en agosto de 1862.

Cronología de la Guerra Civil

1861

- **Enero de 1861:** *Carolina del Sur, Misisipi, Florida, Alabama, Georgia, Luisiana y Texas se retiran de la Unión.*
- **Febrero de 1861:** *Los sureños establecen un gobierno y redactan una constitución.*
- **Abril de 1861:** *Virginia, Arkansas, Carolina del Norte y Tennessee abandonan la Unión.*
- **12 de abril de 1861:** *Ataque a Fort Sumter.*
- **21 de julio de 1861:** *Batalla de Bull Run, primera batalla.*

1862

- **Marzo de 1862:** *El primer encuentro entre dos grupos se convierte en un empate.*

- **Mayo-agosto de 1862:** *El general George McCellan dirige a los unionistas en la Campaña de la Península en Virginia.*
- **Septiembre de 1862:** *16.000 muertos en la batalla de Antietam; la Unión gana.*

1863

- **Enero de 1863:** *La Proclamación de la Emancipación de Lincoln abole la esclavitud en los estados confederados. Unos 180.000 negros se alistan en el ejército de la Unión.*
- **Marzo de 1863:** *La Unión establece la conscripción para todos los hombres blancos de hasta 45 años. Los que pueden contratar a un ayudante o pagar 300 dólares escapan al reclutamiento. Esto lleva a disturbios de conscripción en Nueva York el 13 de julio.*
- **Mayo de 1863:** *En la batalla de Chancellorsville mueren 30.000 soldados, entre ellos el legendario general Thomas Jackson. Su muerte fue un revés para la Confederación. Tras ser herido por uno de sus propios soldados, el general Lee dijo: "Él perdió su brazo izquierdo, yo el derecho". Entonces los unionistas cruzaron el Mississippi y sitiaron a los confederados en los alrededores de Vicksburg. Su rendición les dio el control del río.*
- **Julio de 1863:** *El general George Meade sale victorioso en la batalla de Gettysburg. La batalla se considera la mayor batalla de esta guerra.*
- **21 de agosto de 1863:** *Masacre en Lawrence (Kansas) por William Quantrill.*
- **Noviembre de 1863:** *Victoria de la Unión en la batalla de Chattanooga, Tennessee.*
- **19 de noviembre de 1863:** *Lincoln pronuncia un breve y memorable discurso de 266 palabras, el Discurso de Gettysburg, en la dedicación del Cementerio Nacional de Soldados en Gettysburg, Pensilvania.*

1864

- **Junio de 1864:** *Lincoln envía a Grant al este como comandante en jefe.*
- **Septiembre de 1864:** *Sherman toma Atlanta.*

1865

- **Abril de 1865:** *Lee se rinde en Appomattox y firma el fin oficial de la guerra.*
- **14 de abril de 1865:** *El patriota sureño John Wilkes Booth asesina a Lincoln. Después, Andrew Johnson se convierte en el 17º presidente.*
- **26 de abril de 1865:** *Booth es encontrado en un granero de tabaco y asesinado.*
- **13 de mayo de 1865:** *Batalla de Palmito Ranch, Texas.*

Los llamados "Códigos Negros" restringen los derechos de los antiguos esclavos en el Sur.

Galería de batallas y combates.

La "Reconstrucción Radical" de 1866 a 1873, con la votación en el Congreso de las Enmiendas Decimocuarta y Decimoquinta, que otorgaban a los ex esclavos derechos civiles y el derecho al voto. La "Ley de Reconstrucción Militar" de 1867 dividió el Sur en cinco distritos, gobernados por un general. Los estados de estos distritos absorbieron la Unión en 1868 y 1870.

La "Redención" entre 1873 y 1877, cuando los sureños extremadamente racistas recuperaron el control de su Sur y derrotaron a los republicanos en él. Después de diez años, los Estados del Sur aprovecharon la controversia en torno a la elección presidencial de Rutherford B. Hayes para deshacerse de la Reconstrucción y revertir la democratización.

La relación Norte-Sur

La guerra tuvo profundos efectos en Estados Unidos. Incluso ahora, los sureños se sienten perjudicados por la Reconstrucción impuesta tras la liberación de los esclavos. Las contradicciones de antes de la guerra no se resolvieron, sino que se aliviaron con nuevas variantes. El centro de gravedad político, económico e industrial del país permaneció en el Norte. La migración norteña de blancos y negros se mantuvo. Al principio, emigraron a los mataderos de Chicago para trabajar en la industria del procesamiento del ganado en la era de los vaqueros, de 1870 a 1900, y más tarde se dirigieron hacia Detroit para la industria del automóvil.

California y Nueva York también atrajeron gente. Los Estados del Sur cayeron en la decadencia o se quedaron estancados en la economía agraria que seguía distribuyendo injustamente la riqueza. Los propietarios de las plantaciones se arruinaron por la incapacidad de pasar a trabajar sin esclavos. Al mismo tiempo, las ciudades cayeron en la decadencia.

En el Norte, los edificios se levantaron de piedra y más tarde de acero; en el Sur, todo se construyó apresuradamente con madera que sufría las inclemencias del tiempo porque el mantenimiento era inasequible. Atlanta, que había sido destruida por Sherman, fue reconstruida, pero se convirtió en una aldea.

Nueva Orleans conservó cierta grandeza como ciudad portuaria, Richmond se convirtió en una capital minera y no en la metrópoli de antes. En Texas, las cosas mejoraron cuando se encontró petróleo. Los derechos de los estados, en los que tanto insistió el Sur, dieron paso al poder federal con la ratificación de la Duodécima Enmienda en 1865 y con una enmienda sobre el impuesto federal sobre la renta en 1916.

La disminución de la influencia se reflejó en el Congreso y en la Casa Blanca: durante casi ochenta años todos los personajes destacados procedían del Norte o del Oeste. Estados Unidos había pasado de ser una confederación de estados a un estado federal.

Abraham Lincoln

Tanto en público como en privado, Lincoln hizo saber que pensaba que la esclavitud era inmoral, pero también consideraba que había poco que pudiera hacerse al respecto sin enmiendas constitucionales.

La abolición de la esclavitud era una cuestión política. Incluso antes de la guerra, Lincoln había declarado en un discurso que creía que la Unión no podía seguir dividida en la cuestión de la esclavitud. La "casa dividida" americana ("House divided") no podía seguir en pie. No caería, argumentó, pero dejaría de estar dividida y pasaría a ser totalmente esclavista o totalmente libre.

En lo que respecta a la Guerra Civil, el objetivo de Lincoln era asegurar la Unión y acabar con la rebelión del Sur. La abolición de la esclavitud no era un objetivo militar cuando estalló la guerra, sino que sólo se convirtió en uno después de que Lincoln, mediante la Proclamación de Emancipación de 1862, declarara a los esclavos de los estados rebeldes "libres para siempre".

Había tres corrientes dentro del partido republicano de Lincoln:

Los radicales, que querían emancipar a los esclavos,

Los conservadores, que esperaban la abolición porque estaban convencidos de que los negros eran inferiores y su presencia en América no era deseable. Vincularon su búsqueda de la abolición a su regreso a África. El estado de Liberia tiene su origen en esto.

Los moderados, como Lincoln, que aborrecían la esclavitud pero temían las consecuencias de la emancipación. La opinión de Lincoln cambió gradualmente en 1862. El 13 de marzo se prohibió la devolución de los fugitivos o "contrabandistas" desde el punto de vista militar. La propuesta de Lincoln de compensar a los propietarios de esclavos en los estados fronterizos por su liberación fue rechazada el 12 de julio de 1862.

El argumento para la abolición de la esclavitud se convirtió en la incautación de los recursos del enemigo por necesidad militar. Los cuatro millones de esclavos eran importantes para el esfuerzo bélico. Debemos liberar a los esclavos o ser nosotros mismos sometidos, sonaba.

Sin quererlo, Lincoln se convirtió en un icono del abolicionismo. Para los negros liberados, era casi considerado un santo.

Esto se vio reforzado por su plan de reconstrucción y la reintegración (Reconstrucción) del Sur. El hecho de que fuera asesinado (ocho meses antes de la ratificación de su enmienda) contribuyó a la imagen de presidente visionario.

Cronología de las secuelas de la Guerra Civil

- **1866:** *El Congreso vota para aprobar la Ley de Derechos Civiles en respuesta a los Códigos Negros del Sur.*
- *Los veteranos crean el Ku Klux Klan. Los llamados "Códigos Negros" del Sur continúan restringiendo los derechos de los antiguos esclavos.*
- **1867:** *En respuesta a los "Códigos Negros", el gobierno responde con las "Leyes de Reconstrucción", que ponen a los estados del Sur bajo dominio militar y les obligan a conceder derechos a los negros.*
- **1868:** *La Decimocuarta Enmienda concede derechos civiles a los esclavos.*
- **1870:** *La Decimoquinta Enmienda otorga a los antiguos esclavos el derecho al voto.*
- **1876:** *Las leyes Jim Crow revierten las leyes antidiscriminatorias de la Reconstrucción.*

Un nuevo tipo de guerra

La trascendencia de esta guerra es importante no sólo desde el punto de vista sociopolítico por sus consecuencias. La Guerra Civil también marca un punto de inflexión histórico en términos militares-industriales porque marca la transición de una lucha agraria, a una guerra industrial. En esta guerra, la tecnología cambió las tácticas.

Construcción de armas

La construcción del arma mejoró la disipación del calor, la recarga y la precisión. En 1863, la Unión introdujo la "bala Minié". Este tipo de bala francesa giraba y, por tanto, era más estable y precisa. Fabricantes como Colt y Winchester diseñaron cargadores múltiples con hasta quince cartuchos a la vez. Los soldados confederados decían que los norteños podían cargar los lunes y seguir disparando toda la semana.

La ametralladora Gatling fue la precursora de la ametralladora.

La introducción del tren permitió transportar rápidamente las armas pesadas. Especial fue la introducción de los Ironclads, los primeros acorazados de hierro a vapor.

Aunque varias armadas ya experimentaban con barcos de hierro, los estadounidenses fueron los primeros en utilizar máquinas de vapor para la propulsión.

Famoso es el buque de la Unión el USS Monitor, un barco blindado de hierro sobre un casco de roble con la primera torreta de cañones. Este barco libró la primera batalla entre dos buques acorazados el 8 y 9 de marzo de 1862 con el CSS Virginia y ganó por poco. Esto dejó obsoletas todas las flotas del mundo.

Tren y telégrafo

La modernización de la guerra no sólo tuvo lugar en el combate directo. El contexto también estaba cambiando en torno al campo de batalla. Para llegar a la Primera Batalla de Bull Run al comienzo de la guerra (1861), los hombres marchaban al campo de batalla y los oficiales llegaban a caballo. Los carros cubiertos, los caballos o las mulas transportaban las armas con dificultad.

Más tarde, las líneas ferroviarias del Sur se convirtieron en objetivo de las tropas del Norte, lo que ralentizó y fatigó a los ejércitos del Sur. Sus oponentes se mantuvieron en forma gracias al tren que transportaba raciones, armas, municiones y cañones pesados. Un efecto secundario fue que la moral del Norte se mantuvo razonable hacia el final de la guerra, especialmente entre los ejércitos de Grant y Sherman, mientras que la moral del Sur se desmoronó después de 1863.

Otra ventaja del tren era que los heridos recibían una mejor atención médica: los médicos podían llegar a su dirección con mayor facilidad y los heridos eran eliminados más rápidamente. Además, el telégrafo hizo posible la planificación a distancia. Si Grant hacía algo, Lincoln lo sabía al día siguiente. Además de los informes militares, los periodistas informaban: por primera vez, la gente sabía a diario lo que estaba ocurriendo y quién estaba muriendo.

Guerra en las ciudades

Otra novedad fue la llegada de las milicias guerrilleras, como los Bushwhackers del Sur y los Jayhawkers del Norte, así como la guerra en la ciudad: aunque las ciudades ya habían sido asediadas anteriormente, en la Guerra Civil se produjeron los primeros bombardeos de ciudades y combates. La escala aumentaría en la Primera Guerra Mundial.

La guerra urbana fue una consecuencia de la "guerra total" de Grant y Sherman. Militarmente, el Norte había ganado, pero el Sur no se rendía. No sólo había que romper el poder militar del adversario, sino todo lo que sostenía ese poder: las infraestructuras, las ciudades y la ciudadanía. En la Guerra Civil, por primera vez, se aterrorizó a la población civil en masa para obligar al enemigo a rendirse. Desde entonces, esta táctica ha sido prohibida por la Convención de Ginebra.

La relación blanco-negro

Tras la Guerra Civil, el Congreso y los estados aprobaron la 13ª Enmienda a la Constitución, que abolía la esclavitud. Aunque los negros ya no podían ser obligados a trabajar, no se les permitía formar parte de la sociedad en el Sur.

Su vida cotidiana se volvió más difícil que antes de la guerra: a los negros no se les permitía tener contacto con los blancos y sólo podían trabajar para ellos. Se les impedía hablar y votar políticamente mediante el impuesto de capitación y, más tarde, cuando éste se convirtió en inconstitucional, mediante la discriminatoria "legislación Jim Crow". Este sistema extendió la segregación racial en el Sur, en el que las dos "razas" vivían separadas: por separado en los restaurantes y, más tarde, en los autobuses, en diferentes aseos, fuentes de agua potable, ascensores, tiendas, escuelas, barrios.

Esta situación duró hasta los años 60, cuando todo cambió de forma sorprendente. En esa década, el Movimiento por los Derechos Civiles despegó y comenzó un rejuvenecimiento económico y el florecimiento de la zona impulsado por la economía de la época. Lyndon B. Johnson se convirtió en el primer presidente sureño en casi 100 años. El cambio posterior duró hasta aproximadamente 1985.

Aunque la discriminación es habitual en el Sur, hoy el nivel es comparable al del resto del país. El Ku Klux Klan también está en declive en el Sur. Texas, Virginia, Tennessee, Florida y Georgia se encuentran entre los estados más ricos; Atlanta es una metrópolis y sede de Coca-Cola y CNN. En 1964, había más presidentes del Sur que de cualquier otra región.

Parte 3: La sociedad posterior a la esclavitud y la segregación

Capítulo 1: La segregación de posguerra

Desde la Guerra Civil estadounidense hasta finales de la década de 1960, los afroamericanos de Estados Unidos estuvieron sistemáticamente segregados de los europeos. Esta segregación racial, más pronunciada en los antiguos Estados Confederados de América, existía de facto durante la esclavitud, cuando los estados tenían cada uno su propio código para los esclavos. Después de la Guerra Civil estadounidense, los Códigos Negros los sustituyeron, y tras la Reconstrucción, las leyes Jim Crow perpetuaron la segregación.

Aunque estas leyes iban en contra de la prohibición de la discriminación en la Constitución de EE.UU., se mantuvieron durante mucho tiempo debido a la doctrina de "separados pero iguales". Según esta doctrina, cosas como la vivienda, la atención médica, la educación, el empleo y el transporte podían segregarse por razas, siempre que tuvieran el mismo nivel de calidad para cada una de ellas.

En la práctica, las instalaciones para los afroamericanos casi siempre resultaban peores. Se utilizaban carteles para indicar lo que se les permitía utilizar.

La historia de la segregación

Con las cuatro Leyes de Reconstrucción de 1867 y 1868, se establecieron las condiciones para que los estados del Sur se reincorporaran a la Unión. Una de las condiciones fue la firma de la Decimocuarta Enmienda a la Constitución de los Estados Unidos. Ésta contenía la disposición de que toda persona dentro del territorio debía ser tratada como igual ante la ley. La Decimoquinta Enmienda a la Constitución de los Estados Unidos de 1870 prohibía a los estados privar a los ciudadanos del derecho al voto por motivos de raza, color y antigua condición de subyugado. Bajo el Partido Republicano -entonces el partido que se oponía a la esclavitud- hubo un breve periodo liberal y progresista durante la Reconstrucción.

Los carpetbaggers eran republicanos que se trasladaron al sur desde el norte y tomaron el poder allí. Al principio contaban con el apoyo de los republicanos del sur o scalawags, pero durante la década de 1870 éstos se pasaron en su mayoría a los demócratas del sur. Estos redentores representaban los intereses de la antigua aristocracia de las plantaciones y utilizaron su poder económico para acabar con el Partido Republicano en el sur.

Esto incluyó una fuerte violencia por parte de organizaciones terroristas como los Caballeros de la Camelia Blanca y el Ku Klux Klan, más clandestino. La Liga Blanca asesinó a cuatro miembros de la familia de Marshall H. Twitchell, entre otros, durante la Masacre de Coushatta de 1874, y los Camisas Rojas, liderados por el posterior senador Benjamin Tillman, provocaron disturbios raciales, como en la Masacre de Hamburgo de 1876.

También se produjeron con frecuencia linchamientos de personas, en su mayoría afroamericanos, de los que menos del 1 por ciento acabaron en condenas después de 1900. El historiador Joel Williamson llamó a este periodo el racismo radical. Como senador, Tillman llegó a articular esta voluntad de linchamiento en el Congreso de Estados Unidos en 1900.

Además de estas atrocidades, las leyes de Jim Crow restringieron cada vez más los derechos democráticos de los afroamericanos. En las partes del Sur donde los afroamericanos eran mayoría, se impusieron requisitos adicionales para el sufragio, como el nivel de estudios. La pérdida del sufragio también excluyó a los afroamericanos del servicio de jurado, lo que dio lugar a jurados exclusivamente blancos. También se prohibieron los matrimonios mixtos en muchos estados.

El compromiso de 1877 marcó el inicio de la reducción de la resistencia liberal del norte a la discriminación. Esto permitió a los redentores aumentar su influencia, mientras el norte perdía interés en la Reconstrucción. La conquista de las Filipinas de 1899-1902 bajo el liderazgo republicano puso en marcha un imperialismo estadounidense que, según el senador Tillman, haría que los republicanos se tragaran sus críticas a la segregación del sur. Dentro del Partido Republicano, la influencia de la facción negra y blanca también se vería disminuida a partir de entonces por el movimiento de los blancos.

Alrededor del 90% de los afroamericanos vivían en el Sur y su pérdida de sufragio creó el Sur Sólido, los estados sureños de voto leal a los demócratas. Las elecciones presidenciales de 1912 completaron este proceso cuando Woodrow Wilson se convirtió en el primer presidente sureño desde la Guerra Civil. Bajo su mandato también se implantó la segregación racial en las instituciones federales. Comenzó a segregar los puestos de trabajo federales a petición de su gabinete en 1913.

Todavía bajo los republicanos, se había establecido en el Sur un sistema de escuelas públicas que permitía a los afroamericanos acceder también a la educación. La integración no era primordial, por lo que se creó un sistema escolar segregado de manera informal. Cuando los demócratas llegaron al poder, se recortó el presupuesto para ello. Las leyes de Jim Crow se perpetuaron con la sentencia de 1896 en el caso Plessy contra Ferguson, que estableció la doctrina de separados pero iguales. En el Norte, aunque no se promulgaron estas leyes, se creó una segregación de facto con escuelas separadas. De hecho, sería mejor para los afroamericanos recibir una educación separada. No siempre las leyes formalizaban las prácticas existentes. Por ejemplo, algunas compañías de tranvías se resistieron durante mucho tiempo al transporte segregado.

El odio en el Sur hacia los negros era tal que escandalizaba al político sudafricano y defensor de la segregación Maurice Smethurst Evans. Según Evans, aunque los prejuicios raciales estaban justificados, le resultaba doloroso presenciar la hostilidad de los blancos hacia los negros en los estados del sur de Estados Unidos. Al mismo tiempo, muchos blancos del sur de Estados Unidos tenían una actitud engañosa, ya que dependían de su mano de obra barata a pesar de su gran antipatía por los afroamericanos. Esto se reflejaba en los pueblos del ocaso, donde no se permitía a los negros quedarse después de la puesta de sol.

La Primera Guerra Mundial tuvo el efecto de crear una atracción en el norte además del empuje de las leyes Jim Crow en el sur. Aquí, debido a la reducción de la migración desde Europa y al aumento de la demanda debido a la guerra, creció la escasez de mano de obra en las ciudades industriales, lo que dio lugar a la gran migración afroamericana. Creció una nueva conciencia entre la población afroamericana, ya que los soldados negros regresaban de Europa y no se les agradecía, sino que recibían una acogida odiosa. En el Norte, el Renacimiento de Harlem fue acompañado por el elegante New Negro, mientras que Marcus Garvey inició la Asociación Nacional para el Avance de la Gente de Color (NAACP) y el movimiento Back to Africa.

Así, en el Norte quedó cada vez más claro que el "happy darky" era una caricatura de la raza negra. Al mismo tiempo, con el garveyismo llegó una postura más militante que abogaba por su propia segregación y, por tanto, incluso se unió al Ku Klux Klan, lo que provocó el distanciamiento con activistas como W.E.B. Du Bois, que buscaban más integración.

Con la llegada al norte, esos afroamericanos recuperaron el derecho al voto y sobre todo encontraron allí la afiliación al Partido Demócrata. Los demócratas del sur, sin embargo, persistieron durante mucho tiempo en su política de superioridad blanca.

En el norte, sin embargo, la migración tampoco fue tranquila. La llegada de un gran número de afroamericanos a las ciudades del norte y del oeste provocó una nueva segregación, esta vez económica. De los habitantes blancos de las ciudades, una gran proporción se trasladó a los suburbios y a las afueras, la huida blanca. Además, la gran oferta de mano de obra barata fue vista como una amenaza por la clase trabajadora blanca, en su mayoría emigrantes recientes de zonas atrasadas de Europa.

Para el Sur, la desaparición de gran parte de la población negra supuso un dilema. Por un lado, éstos habían sido tratados con gran hostilidad, por lo que inicialmente la migración fue bien recibida. Sin embargo, a medida que el número aumentaba, surgió un problema para una economía basada en esta mano de obra barata. Por ello, se pusieron en marcha iniciativas para frenar la migración. Cuando los aumentos salariales y las mejoras en las condiciones no ayudaron, se intentó impedir la capacidad de los afroamericanos para viajar.

El senador Narciso Gender Gonzales, de Carolina del Sur, resumió previamente el dilema como sigue

Desde el punto de vista político hay demasiados negros en Carolina del Sur, pero desde el punto de vista industrial hay espacio para muchos más.

Después de la Segunda Guerra Mundial, cada vez se comprendía mejor que el trato que recibían los afroamericanos tenía un paralelismo con el antisemitismo alemán y que esta situación tenía que ajustarse a los ideales proclamados como faro de libertad antes de que fuera posible un verdadero liderazgo internacional. Por ejemplo, la Comisión para el Estudio de la Organización de la Paz (CSOP) escribió:

Podemos estar escarmentados por el rechazo de Wilson en París del principio de igualdad racial, un rechazo que amargó al mundo oriental. La cancerosa situación de los negros en nuestro país da forraje a la propaganda enemiga y hace que nuestros ideales se peguen como pan seco en la garganta. En el antisemitismo somos un espejo de las muecas nazis.

Estas motas en nuestro propio ojo no deben ser pasadas por alto. Sin embargo, hay una gran diferencia entre una política gubernamental de persecución, como en Alemania, y las costumbres rezagadas que aún no han sido rotas por una política legal que las prohíbe.

No podemos posponer el liderazgo internacional hasta que nuestra propia casa esté completamente en orden. Tampoco podemos esperar que las naciones estén de acuerdo en que sus propias casas se pongan en orden mediante la intervención directa de los organismos internacionales. Sólo tenemos que considerar las dificultades que cualquier curso de este tipo encontraría en nuestro propio país o en otros. Sin embargo, a través de la revulsión contra las doctrinas nazis, podemos esperar que se acelere el proceso de hacer que nuestras propias prácticas en cada nación se ajusten más a nuestros ideales profesados.

De hecho, la Unión Soviética hizo uso de esto en respuesta a las críticas sobre las violaciones de los derechos humanos en la Unión Soviética. A partir de los años 30, esas críticas se reprimían con referencias a los abusos de los derechos humanos en Estados Unidos con las palabras *"y ustedes están linchando a los negros"*. "La Guerra Fría y la descolonización hicieron aún más deseable ganar los corazones y las mentes de los países en desarrollo de esta manera.

El ejército estadounidense siempre ha estado segregado racialmente, desde su creación durante la Revolución Americana (1765 - 1783) hasta la promulgación por parte del Presidente Truman de su Orden Ejecutiva 9981 tras la Segunda Guerra Mundial, en 1948.

Las últimas formas formales de segregación racial en el ejército
desaparecieron al final de la Guerra de Corea (1950 - 1954).

*(Cartel en las Casas Sojourner Truth, Detroit, en protesta por los residentes
negros en 1942).*

Junto con la presión extranjera, en la década de 1950 surgió el
movimiento por los derechos civiles de los afroamericanos. Con el caso
Brown v. Board of Education, aunque la segregación en las escuelas
públicas se abolió en 1954, habría que esperar hasta 1967 para que se
revocaran todas las leyes de Jim Crow.

Por un lado, el movimiento consistió en protestas no violentas y
desobediencia civil, como el boicot a los autobuses de Montgomery tras la
detención de Rosa Parks en 1955, las sentadas de Greensboro en 1960 y
la Marcha sobre Washington de 1963. Por otro lado, la protesta estuvo
acompañada de años de disturbios raciales, empezando por los disturbios
raciales de Harlem en 1964 y los de Watts en 1965.

Durante el largo y caluroso verano de 1967, el jefe de policía Walter E.
Headley afirmó que cuando comienzan los saqueos, comienzan los
disparos. Al asesinato de Martin Luther King Jr. en 1968 le siguieron los
peores disturbios desde la Guerra Civil.

La Ley de Derechos Civiles de 1964 abolió la segregación en los lugares públicos, mientras que la Ley del Derecho al Voto de 1965 restableció el derecho al voto y el caso Loving contra Virginia de 1967 anuló las prohibiciones de los matrimonios mixtos. El hecho de que se tardara tanto se debió, en parte, a que la desegregación se asociaba con el comunismo durante la época del macartismo, pero sobre todo al racismo profundamente arraigado entre los segregacionistas blancos y al miedo a perder privilegios, personificado en el gobernador George Wallace de Alabama. La verdadera integración, por tanto, no estaba completa en 1967, sino que acababa de empezar.

Capítulo 2: El Ku Klux Klan

El Ku Klux Klan se originó en Pulaski, Tennessee, en 1865 o 1866 como un club local. Según el escritor Wyn Craig Wade, la organización comenzó como una broma de seis soldados desempleados que regresaban de la Guerra Civil estadounidense. Se disfrazaron de fantasmas a caballo. Pronto empezaron a aterrorizar a la población negra recién liberada de la esclavitud. En gran parte de Tennessee, su ejemplo fue emulado y se formaron capítulos del KKK.

El presidente Andrew Johnson indultó a los líderes sureños de la derrotada ex Confederación a partir de mayo de 1865, tras lo cual los estados del Sur promulgaron leyes fuertemente discriminatorias contra los negros (códigos negros). Esto prácticamente revirtió la liberación de los esclavos. El Congreso de EE.UU. anuló estas leyes en diciembre de 1865 y decidió proceder a la Reconstrucción (reforma forzosa) de la mayoría de los estados del Sur.

A partir de entonces, el KKK se convirtió rápidamente en una organización secreta que se oponía a esta Reconstrucción con todas sus fuerzas. En ese momento, el Klan se centró principalmente en amenazar e intimidar a los "esclavos liberados", los llamados Freedmen, para que renunciaran a sus derechos recién adquiridos. En 1868, el Ku Klux Klan adquirió relevancia nacional por primera vez cuando sus partidarios asesinaron a un gran número de votantes republicanos -negros- en el período previo a las elecciones. Tanto la dirección nacional del Klan como la élite sureña se distanciaron de estos linchamientos. En 1871, el Congreso estadounidense aprobó la Ley de Derechos Civiles (también conocida como Ley del Ku Klux Klan), tras lo cual el presidente Ulysses S. Grant reprimió al Klan en el Sur en algunas zonas (Carolina del Norte).

Cientos de miembros del Klan fueron arrestados, pero debido a la insuficiente capacidad, sólo una pequeña proporción fue condenada. Por lo tanto, en 1875 este primer Klan se había disuelto por completo. El gobierno federal de Estados Unidos había renunciado a proteger los derechos civiles de los negros, por lo que en los estados del Sur se podía aterrorizar a los negros abiertamente: ya no era necesaria ninguna organización secreta. Pasarían casi cien años antes de que los negros del Sur pudieran ejercer su derecho al voto. Después de Grant, sólo el presidente Kennedy mostró un renovado interés por los derechos civiles de los negros.

El primer Klan estaba muy bien organizado a nivel local (pero no a nivel nacional), como demostraron los informes del Senado durante la presidencia de Grant. Debido a su estructura como grupo secreto e invisible, no existen datos sobre su membresía. Sin embargo, el Klan era extremadamente popular en el Sur, sobre todo por su reputación de ser el último vestigio del Viejo Sur.

William Joseph Simmons fundó el segundo Ku Klux Klan en 1915. Este Klan tenía objetivos completamente diferentes a los del antiguo Klan, pero utilizaba exactamente el mismo nombre y los mismos símbolos. El Klan de Simmons creció rápidamente en la década de 1920 y en su punto álgido contaba con más de 5 millones de miembros repartidos por todos los estados del Sur y del Medio Oeste. Este Klan quería mantener la hegemonía moral del protestantismo blanco a toda costa y por ello combatía a todos los pecadores, como los negros, los católicos y los judíos. El 4 de julio de 1923 tuvo lugar la mayor reunión del Ku Klux Klan en el parque Malfalfa de Kokomo. En 1928, este Klan también se disolvió, aunque muchas secciones seguirían activas durante mucho tiempo.

En las décadas de 1930 y 1940, los capítulos restantes del Klan optaron por apoyar masivamente a los nazis en Alemania y se aliaron con el Bund germano-americano. Como resultado, el Klan perdió su carácter patriótico y, en consecuencia, su popularidad entre la población blanca.

Sólo durante la crisis de la segregación en la década de 1960, el Klan tuvo una última resurrección exitosa, pero volvió a caer en el descrédito debido a una serie de ataques sangrientos y escándalos internos.

Hoy en día hay decenas de organizaciones -tanto en Estados Unidos como en el extranjero- que se hacen pasar por las herederas del Ku Klux Klan y que también han adoptado sus símbolos. Sin embargo, se estima que su número total de miembros es de sólo unos pocos miles. La mayoría de estos nuevos sucedáneos del Klan están formados por neonazis convencidos.

Emancipación de los negros

En los años 50 surgió un primer problema importante para el Klan: la emancipación de sus antiguas víctimas, que de repente se mostraron capaces de defenderse. Los negros ya no se quedaron de brazos cruzados y también comenzaron a unirse en vigilantes y milicias de protección.

En 1958, se llegó incluso a un encuentro armado en Dakota del Norte entre el Ku Klux Klan -que organizó una reunión nocturna- y la población nativa Lumbee. Esta reyerta pasó a la historia como la Batalla de Hayes Pond y provocó una crisis de identidad entre los miembros del Klan.

En 1966, el predicador negro Stokely Carmichael inició una gira por todo Mississippi para dirigirse a la comunidad afroamericana en todas partes. Predicó la doctrina del Poder Negro, que más tarde constituyó la base del movimiento del Partido de las Panteras Negras. Sostenía que sólo se podía contrarrestar la agresión de los blancos esperando invariablemente al Klan con una pistola en ristre. La aplicación de esta doctrina tuvo importantes consecuencias para el Ku Klux Klan.

En la década de 1960, el Ku Klux Klan encontró un nuevo aliento al reformarse y centrarse en adelante en la agresión armada contra el movimiento de los derechos civiles de los afroamericanos. Los ejemplos más famosos fueron la voladura de una iglesia en Alabama donde se reunían activistas negros de los derechos civiles en 1963, el asesinato de tres activistas de los derechos civiles en Meridian en 1964 y el asesinato de la activista de los derechos civiles Viola Liuzzo en 1964. En 1964, el Congreso aprobó la Ley de Derechos Civiles, poniendo fin definitivamente a la segregación en los Estados del Sur.

Infiltración y violencia

En 1964, la Oficina Federal de Investigación inició el programa COINTELPRO, que consistía en infiltrarse en el Ku Klux Klan para intentar desarticularlo desde dentro. Este programa del FBI no sólo implicaba al Ku Klux Klan, sino también a cualquier otro individuo u organización que pudiera perturbar el proceso de emancipación. En el lado derecho del espectro se trataba principalmente del KKK, mientras que en el lado izquierdo el objetivo era principalmente el movimiento Weathermen.

Incluso la organización pacifista de Martin Luther King, la Southern Christian Leadership Conference, fue víctima de COINTELPRO. De hecho, el programa consiguió desarraigar al Klan y aumentar las luchas internas. Dentro del Klan, todo el mundo fue repentinamente despreciado y sospechoso de ser un potencial infiltrado del FBI, lo que paralizó la organización internamente. El infiltrado más famoso del FBI en el Klan fue Bill Wilkinson, que incluso llegó a ser líder del Klan.

En la década de 1970, el Ku Klux Klan se enfrentó a dos nuevos retos, concretamente al fenómeno de la desegregación práctica y a la inmigración masiva. Para evitar que las leyes de desegregación se quedaran en una cáscara vacía, el gobierno estadounidense recurrió al busing de desegregación o busing forzado, recogiendo a los niños negros con autobuses para dejarlos en las escuelas de los blancos. El Klan llevó a cabo varios ataques contra estos autobuses.

El ataque más famoso tuvo lugar en 1971 en Pontiac, Michigan, donde diez autobuses escolares fueron volados simultáneamente en un depósito. El Klan -bajo el liderazgo del carismático David Duke- también participó activamente en la crisis de los autobuses escolares de South Boston en 1974. Además, especialmente en California, el Klan organizó sus propios guardias fronterizos -dirigidos por Tom Metzger- contra el creciente flujo de ilegales mexicanos.

En 1979 tuvo lugar la Masacre de Greensboro, en Carolina del Norte, en la que cinco miembros del Partido Comunista de los Trabajadores fueron asesinados a tiros durante una manifestación contra el Ku Klux Klan.

Durante este periodo, también aumentó la oposición al KKK. Los coches de los miembros del Klan fueron tiroteados, los niños negros se reían de los enmascarados. Prácticamente todas las reuniones del Klan fueron interrumpidas por acciones de las milicias negras armadas. Cada manifestación del Klan era respondida con contramanifestaciones y violencia.

En 1981, Michael Donald fue linchado por el Ku Klux Klan. Este hecho dio lugar al mayor juicio del Klan de la historia, en el que United Klans of America, uno de los principales grupos escindidos del Klan, fue condenado y, posteriormente, quebrado. Esta condena suscitó dudas en el seno del Klan sobre su propia vulnerabilidad y, en adelante, hizo imposible cualquier jerarquía central estricta. Especialmente después de la era de David Duke, el KKK se dividirá en pequeños Klans independientes.

El Ku Klux Klan en la actualidad

El poder y la influencia del Ku Klux Klan siguen siendo objeto de debate y discusión en Estados Unidos. Los medios de comunicación también desempeñan un papel muy importante a la hora de mantener vivo el mito del KKK -que hoy se habría convertido en una leyenda urbana en toda regla- al referirse al Ku Klux Klan en cada oportunidad que se presenta.

Los juicios de Rodney King y Edgar Ray Killen y el asesinato de Timothy McVeigh en Oklahoma son sólo algunos ejemplos. Además, la supuesta relación entre el Ku Klux Klan, la Sociedad John Birch y la Asociación Nacional del Rifle contribuye a perpetuar la leyenda del Ku Klux Klan para disgusto de ambas organizaciones.

Hay muy poca información sobre el número de miembros de los actuales klanes, así como sobre sus finanzas y su influencia real. La posición oficial del gobierno es de silencio. El Klan moderno no existe a sus ojos. En 2002, la Liga Antidifamación publicó un informe sobre el Extremismo en América que decía Hoy en día, no existe el Ku Klux Klan. La fragmentación, la descentralización y el declive han continuado sin cesar.

A pesar de ello, muchos investigadores siguen considerando que el Klan es la organización de extrema derecha más influyente y poderosa de Estados Unidos, y que se dice que sigue presente justo debajo de la superficie. En efecto, en los estados del Sur, el Ku Klux Klan puede seguir contando con la simpatía de los nostálgicos, pero la marginación del Ku Klux Klan contemporáneo por parte de los White Trailer Park Trash y de los skinheads -que se han convertido en el prototipo de los miembros del Ku Klux Klan- erosiona aún más esta simpatía.

El último ex miembro del Ku Klux Klan conocido que seguía activo en la política nacional hasta hace poco era Robert Byrd, senador demócrata de Virginia Occidental. Robert Byrd ha pedido perdón públicamente por sus pecados de juventud y se ha distanciado del Klan en numerosas ocasiones. Expresó su más profundo arrepentimiento por su papel como Gran Cíclope y Kleagle (un miembro del Ku Klux Klan responsable del reclutamiento) con el Ku Klux Klan, así como por sus declaraciones de 1958 -cuando participó por primera vez en las elecciones al Senado- en las que glorificaba al Klan y minimizaba o incluso negaba totalmente todas las acusaciones. Byrd murió en junio de 2010.

Capítulo 3: Martin Luther King Jr.

King nació como nieto e hijo de ministros de la Iglesia Bautista Ebenezer de Atlanta, en el estado sureño de Georgia. Pronto descubrió que todavía había muchos prejuicios contra los afroamericanos en el Sur y quiso cambiarlo.

Su deseo era igualar a los oscuros y a los blancos.

Tras la muerte de su abuela, intentó suicidarse a los 12 años saltando desde el segundo piso de una casa.

A los 15 años, fue a trabajar a una plantación de tabaco en Connecticut, más al norte de Estados Unidos, y quedó impresionado por la buena relación entre blancos y negros. En 1953 se casó con la músico Coretta Scott.

Los años 50

King estudió teología en el Seminario Teológico Crozer de Chester
(Pensilvania). En 1955 obtuvo el doctorado (Ph.D.). A continuación se
dedicó a su ministerio como pastor de la Iglesia Bautista de la Avenida
Dexter en Montgomery, Alabama, a la que su padre le había confirmado
el 31 de octubre (Día de la Reforma) de 1954. Mientras estaba allí, fue
testigo de un incidente que precipitó el movimiento por los derechos
civiles.

El 1 de diciembre de 1955, la negra Rosa Parks se negó a ceder su asiento
en un autobús a un pasajero blanco. Los negros debían sentarse en la
parte trasera del autobús según las ordenanzas locales. Se llamó a la
policía (también blanca) y reivindicó al conductor y al pasajero blancos.
Rosa Parks fue expulsada del autobús y posteriormente detenida.

La comunidad negra de Montgomery, liderada por el reverendo King,
respondió al incidente con un exitoso boicot a los autobuses (1955-1956)
y consiguió una importante victoria cuando la compañía de autobuses de
Montgomery también tuvo que permitir a los negros sentarse en
cualquier asiento del autobús. Después de esto, King no tardó en alcanzar
notoriedad nacional por su excepcional carisma y valor personal. En
numerosas ocasiones actuó como orador, denunciando la discriminación
de los negros.

King fundó la Southern Christian Leadership Conference (SCLC) y asumió
la presidencia. La asociación le permitió volver a Atlanta y dedicarse a la
lucha por la igualdad de los negros estadounidenses, siendo su gran
ejemplo el Mahatma Gandhi, ya que él también se esforzaba por la fuerza
de voluntad y la no violencia en las protestas.

La filosofía de resistencia no violenta de King le llevó a ser detenido en
numerosas ocasiones. King era odiado por los partidarios de la
segregación racial en los estados del sur. Hubo un ataque a su residencia y
él y otros líderes negros fueron condenados por cargos de conspiración.

En 1959 visitó la India y, de vuelta, el Líbano y varias ciudades de la
Cisjordania ocupada por Jordania y la Ciudad Vieja de Jerusalén. De vuelta
a casa observó que había una frontera y que si hubiera visitado Israel, ya
no podría entrar en los países árabes. Israel le invitó en repetidas
ocasiones en la década de 1960.

Lo tuvo en cuenta para luego cancelarlo de todos modos. En una carta,
escribió su deseo de visitar "Tierra Santa" (si la agenda del Movimiento
por los Derechos Civiles lo permitía) y la importancia de la hermandad
humana (Brotherhood), incluso aquí. Valoraba el Estado de Israel como
una democracia. Murió menos de un año después de la Guerra de los Seis
Días .

Los años 60

No obstante, las campañas de King tuvieron éxito: el 28 de agosto de 1963
pronunció un discurso en la Marcha sobre Washington, a la que asistieron
más de 250.000 personas y en la que Mahalia Jackson cantó "I've been
buked, and I've been scorned" a petición suya.

En su discurso, describió que los blancos y los negros pueden vivir juntos y
pronunció las legendarias palabras "Tengo un sueño". En 1964 se le
concedió el Premio Nobel de la Paz. El 6 de agosto de 1965, el presidente
Lyndon B. Johnson firmó la "Ley del Derecho al Voto", cumpliendo la
mayoría de las demandas de King.

La posición de liderazgo de King dentro del movimiento por los derechos
civiles fue cuestionada a mediados de la década de 1960, cuando
surgieron voces que pedían acciones más militantes en lugar de la
protesta pacífica que buscaba King.

Sin embargo, mantuvo su importante posición y empezó a centrarse en
otros temas. Por ejemplo, criticó la guerra de Vietnam y dio a conocer su
preocupación por la pobreza.

El 4 de abril de 1967, exactamente un año antes de su muerte, King se pronunció claramente contra el papel de Estados Unidos en la guerra, afirmando que Estados Unidos estaba en Vietnam para "ocuparlo como una colonia americana" y que Estados Unidos necesitaba cambios morales.

La muerte de Martin Luther King

El 4 de abril de 1968, King fue asesinado a tiros en Memphis, en el balcón del Motel Lorraine (desde 1991, Museo Nacional de Derechos Civiles). El asesinato provocó una oleada de disturbios en más de 60 ciudades de EE.UU., con un saldo de 39 muertos. El presidente Lyndon B. Johnson declaró el 7 de abril de 1968 día de luto nacional. Al funeral de King, el 9 de abril de 1968, asistieron más de 150.000 personas. Millones de personas de todo el mundo lo vieron por televisión. En muchos países, las banderas de los edificios gubernamentales colgaron a media asta.

James Earl Ray, un criminal pero que no había usado la violencia antes, confesó el asesinato por consejo de su abogado y así evitó la pena de muerte. Fue condenado a 99 años de prisión. Durante el resto de su vida, intentó retractarse de su confesión, alegando que había habido una conspiración. En 1997, esta opinión fue apoyada por miembros de la familia de King. Ray murió en una prisión en 1998. En 1999, la familia de King ganó un juicio con jurado en Memphis contra Loyd Jowers, quien afirmó que había cometido el asesinato por encargo de un personaje de la mafia. Sin embargo, el veredicto no convenció a muchos expertos y en 2000, tras una investigación de 18 meses, se concluyó que no había pruebas contra Jowers.

Capítulo 4: El poder negro

El Poder Negro fue un movimiento político entre los negros estadounidenses a finales de los años 60 y principios de los 70.

El Poder Negro puso de relieve la expresión de una nueva conciencia racial entre los negros de Estados Unidos. En un sentido más amplio, el término se refería a la elección consciente que los negros estadounidenses hacían para promover sus intereses y valores colectivos, para proteger su propio bienestar y para obtener cierto grado de autonomía.

El primero en utilizar el término "poder negro" en el contexto político en público fue Robert F. Williams, un escritor y publicista de los años 50 y 60. El término fue adoptado por Mukasa Dada (más conocido como Willie Ricks), codirector y portavoz del Student Nonviolent Coordinating Committee (SNCC), una organización estudiantil contra la violencia hacia los negros en EE.UU. Cuando Mukasa Dada utilizó abiertamente el término en una época de integración racial, recibió el apoyo de miles de personas de la clase media negra. Esta autoconciencia abierta fue vista por algunos negros como una opción estratégica. El término se utilizó posteriormente en un contexto más suave.

La fama mundial llegó al movimiento del Poder Negro en los Juegos Olímpicos de Verano de 1968 en Ciudad de México. Los dos atletas negros Tommie Smith y John Carlos cerraron sus puños enguantados en la ceremonia de entrega de medallas y posteriormente fueron retirados de los Juegos Olímpicos de Verano por el Comité Olímpico de Estados Unidos.

A nivel internacional, el movimiento tiene una rama diferente. A nivel internacional, el término poder negro incluye el internacionalismo africano, el panafricanismo, el nacionalismo negro y sólo elementos de la supremacía negra.

Mientras el movimiento seguía su propio camino a nivel internacional, algunos activistas negros en Estados Unidos se autodenominan "nuevos africanos". Creen que los negros de Estados Unidos deben trabajar por su propio Estado-nación independiente formado por el "Cinturón Negro del Sur", donde la concentración de la población negra es mayor.

Capítulo 5: Jesse Jackson

Jesse Louis Jackson, Sr., nacido Jesse Louis Burns en Greenville, Carolina del Sur, el 8 de octubre de 1941, es un pastor baptista, político y activista de los derechos civiles estadounidense.

Tras cursar estudios de teología, Jackson se convirtió en un estrecho colaborador de Martin Luther King y estuvo a su lado cuando éste fue asesinado. Ese mismo año, en 1968, fue confirmado como ministro bautista.

Jackson fundó en 1974 PUSH (People United to Serve Humanity), una organización destinada a implicar más a los negros en la economía, y en 1986 se convirtió en presidente de la Rainbow Coalition, una organización que reunía a varios grupos minoritarios, activistas por la paz, organizaciones medioambientales y grupos políticos en apoyo de los pobres. En 1996, ambas se fusionaron.

En la década de 1980, Jackson se convirtió en un portavoz clave del movimiento por los derechos civiles de las minorías y de los afroamericanos en Estados Unidos. Intentó en dos ocasiones, en 1984 y 1988, ganar la candidatura demócrata a la presidencia, y aunque fracasó en ambas ocasiones, demostró que los afroamericanos se habían convertido en un factor político importante dentro del Partido Demócrata.

Jackson también se hizo conocido por negociar, a veces con éxito, con los líderes de países de otros bloques de poder, como Siria, Irak y Cuba, para la liberación de prisioneros estadounidenses, y Bill Clinton lo honró con la Medalla Presidencial de la Libertad, el más alto galardón civil de Estados Unidos. Jerry Brown, ex gobernador de California, consideró la posibilidad de elegir a Jackson como candidato a vicepresidente en 1992. Esto cayó mal en la comunidad judía de Nueva York, ya que Jackson había hecho varios comentarios antisemitas en el pasado, sobre los que Clinton ganó brillantemente las primarias.

Posteriormente, Jackson participó en manifestaciones contra la guerra de Irak. Su hijo, Jesse Jackson Jr. fue miembro de la Cámara de Representantes.

Capítulo 6: N.A.A.C.P.

La Asociación Nacional para el Progreso de las Personas de Color (NAACP) es uno de los movimientos de derechos civiles más antiguos de Estados Unidos y una fuerza impulsora del movimiento de derechos civiles afroamericanos en general. La organización se fundó en 1909 para beneficiar a los ciudadanos afroamericanos.

La sede de la NAACP está en Baltimore (Maryland), pero también hay oficinas en California, Nueva York, Michigan, Misuri, Georgia y Texas. Cada una de estas oficinas regionales se ocupa de las actividades de la organización en sus respectivos estados y en los circundantes.

Historia del NCAAP

En 1905, 32 afroamericanos prominentes, liderados por William DuBois, se reunieron para discutir los problemas de la "gente de color" y sus posibles soluciones. Debido a la segregación racial en los hoteles, los 32 se reunieron en un hotel del lado canadiense de las cataratas del Niágara, por lo que también se les llamó Movimiento del Niágara. Un año después, tres blancos se unieron al grupo: William Walling, periodista, y los trabajadores sociales Mary White Ovington y Henry Moscowitz. Para ampliar el capital del grupo y, por tanto, sus capacidades, se pidió a sesenta estadounidenses destacados que se unieran. Se organizó una conferencia para el 12 de febrero de 1909 (el centenario de Abraham Lincoln); aunque la reunión no se celebró hasta más de tres meses después, esta fecha se cita a menudo como la de la fundación de la NAACP.

El 30 de mayo de 1909, el Movimiento Niágara se reunió en Nueva York. En esta reunión se formó el Comité Nacional Negro, con cuarenta miembros. Entre los presentes estaba la activista de los derechos civiles Ida Wells. En 1910, el nombre de la organización se cambió por el de Asociación Nacional para el Progreso de las Personas de Color.

La NAACP utilizó principalmente las demandas para forzar medidas que garantizaran la igualdad entre negros y blancos. En 1954, la organización ganó un juicio en el Tribunal Supremo Federal en nombre de los escolares negros de cuatro estados diferentes, aboliendo la segregación racial en las escuelas públicas.

Cronología del NCAAP

1909 - 1941

- **1909:** *El 12 de febrero se forma el Comité Nacional Negro. Entre sus fundadores están Ida Wells, William DuBois y William Walling.*
- **1910:** *La NAACP comienza a presentar demandas en el caso de Pink Franklin para ayudar a un peón negro que había matado a un agente de policía cuando éste irrumpió en su casa a las 3 de la madrugada para detenerlo por allanamiento.*
- **1913:** *La NAACP se manifiesta contra la decisión del presidente Woodrow Wilson de introducir oficialmente la segregación racial en el gobierno federal.*
- **1914:** *El profesor emérito Spingarn, de la Universidad de Columbia, se convierte en presidente de la NAACP y recluta a varios líderes judíos importantes para la organización.*
- **1915:** *La NAACP organiza una protesta nacional contra la película muda racista de D.W. Griffith Birth of a Nation.*
- **1917:** *En el caso Buchanan contra Warley, el Tribunal Supremo Federal de Estados Unidos dictamina que los estados no pueden obligar a los ciudadanos afroamericanos a vivir en barrios diferentes a los de los blancos. Además, la NAACP gana un caso judicial que permite a los negros convertirse en oficiales del ejército.*
- **1918:** *Tras las presiones de la NAACP, el presidente Wilson se declara contrario a los linchamientos.*
- **1919:** *La NAACP envía un enviado a Arkansas, donde doscientos granjeros negros habían sido asesinados en octubre. La organización proporciona abogados para cincuenta negros que fueron juzgados al mes siguiente en un juicio dominado por los blancos.*
- **1920:** *La conferencia anual de la NAACP se celebra en Atlanta, Georgia, para hacer frente al Ku Klux Klan.*

- **1922:** *Los anuncios de la NAACP aparecen en los periódicos nacionales presentando hechos sobre los linchamientos.*
- **1930:** *Tras las protestas de la NAACP, al candidato John Parker se le niega un puesto en el Tribunal Supremo Federal por aprobar leyes discriminatorias.*
- **1935:** *Charles Houston y Thurgood Marshall, dos abogados de la NAACP, ganan una demanda que obliga a la Facultad de Derecho de la Universidad de Maryland a admitir a un estudiante negro.*
- **1939:** *Después de que las Hijas de la Revolución Americana prohíban a una cantante negra actuar en su sede, la NAACP traslada su concierto al Lincoln Memorial, donde atrae a 75.000 espectadores.*
- **1941:** *Durante la Segunda Guerra Mundial, la NAACP tomó medidas para asegurar que el presidente Franklin Roosevelt tuviera una política no discriminatoria en la industria bélica.*

1950 - 1990

- **1954:** *La NAACP gana el juicio Brown vs. Board of Education, que hace ilegal la segregación racial en las escuelas públicas.*
- **1955:** *La activista por los derechos civiles y miembro de la NAACP, Rosa Parks, se niega a ceder su asiento en un autobús en Montgomery, Alabama, a un compañero blanco, sentando las bases del rechazo público a la segregación en Estados Unidos.*
- **1960:** *En Greensboro, Carolina del Norte, los jóvenes miembros de la NAACP realizan protestas no violentas en comedores segregados. Las manifestaciones conducen a la desegregación de más de sesenta tiendas.*
- **1963:** *Tras una manifestación masiva por la igualdad de derechos de los negros, el único asesor de la NAACP, Medgar Evers, es asesinado frente a su casa en Jackson, Mississippi.*
- **1963:** *La NAACP presiona para que se apruebe la Ley de Igualdad de Oportunidades en el Empleo.*
- **1964:** *El Tribunal Supremo Federal dictamina que el estado de Alabama no puede prohibir las actividades de la NAACP.*
- **1965:** *La NAACP da la bienvenida a su miembro número 80.000.*

- **1983:** *Más de 850 000 votantes negros se registran a instancias de la NAACP. Además, el Tribunal Supremo Federal dictamina, en un caso presentado por la universidad, que el presidente Ronald Reagan no puede conceder desgravaciones fiscales a la segregada Universidad Bob Jones.*
- **1985:** *La NAACP organiza una gran manifestación contra el apartheid en Nueva York.*
- **1989:** *Muchos miembros de la NAACP participan en una marcha silenciosa de 100.000 personas para manifestarse en contra de las decisiones del Tribunal Supremo que habían revocado varias sentencias anteriores contra la discriminación.*

1990 y más allá

- **1991:** *Cuando el líder del Ku Klux Klan, David Duke, se presentó como senador en Luisiana, la NAACP hizo un llamamiento a los negros para que se inscribieran. Al final, hubo un 76% de participación entre los votantes negros, por lo que Duke no fue elegido.*
- **1995: La** *viuda del asesinado Medgar Evers, Myrlie Evers-Williams, se une a la junta de la NAACP.*
- **1996:** *Kweisi Mfume deja la Cámara de Representantes para convertirse en director de la NAACP.*
- **2000:** *Gracias en parte a las acciones de la NAACP, las elecciones presidenciales registran la mayor participación de votantes negros de la historia.*
- **2000:** *El 17 de enero, más de cincuenta mil personas protestan en una marcha de la NAACP en Columbia, Carolina del Sur, por la igualdad de derechos.*

Capítulo 8: El Renacimiento de Harlem

El Renacimiento de Harlem fue un movimiento intelectual, social y artístico de escritores y artistas afroamericanos que surgió en la década de 1920. A menudo el nombre se asocia a los escritores negros estadounidenses de ese periodo. Por ello, el nombre se utiliza sin traducir en holandés. Importantes representantes y fundadores fueron Alain Locke y Zora Neale Hurston.

Los juegos preliminares del Renacimiento de Harlem

La literatura sobre y de los negros tuvo, en sus inicios, un carácter defensivo. Se volvía contra la esclavitud de alguna manera y a menudo era escrita por blancos. El ejemplo más conocido, por supuesto, es La cabaña del negro del tío Tom, de Harriet Beecher Stowe. Pero los propios negros también describieron su situación, a veces en textos de mayor contenido literario que Uncle Tom. Este tipo de textos solían destacar el hecho de que el negro era también un ser humano, que además sabía adaptarse al modo de vida de los blancos.

La Guerra Civil estadounidense (1860-1865) pareció mejorar la suerte de los negros, pero el progreso siguió siendo limitado. La mayoría de ellos vivían en el Sur, el perdedor del conflicto, una región que se quedó atrás económica y culturalmente tras la Guerra Civil.

Mejora

A principios del siglo XX, una serie de factores propiciaron una mejora de la posición de los negros. En la propia América, los blancos empezaban a interesarse por su modo de vida y también por el jazz, mientras que en Europa el arte étnico se había puesto de moda. Desde Jamaica llegó una nueva conciencia de sí misma entre la población negra. Esta autoconciencia se manifestó en Estados Unidos con la fundación de la National Association for the Advancement of Colored People (1909) y el movimiento Back to Africa liderado por Marcus Garvey.

Pero quizás el factor más importante fue el demográfico: antes y después de la Primera Guerra Mundial, muchos negros emigraron del campo del sur a las ciudades del norte, en un principio principalmente para trabajar en la industria bélica o para convertirse en soldados.

Lo que antes era una cultura rural se convirtió en una cultura de la ciudad. Esta ola migratoria se conoce como la Gran Migración. El barrio neoyorquino de Harlem acogió a más de 100.000 emigrantes tras la Primera Guerra Mundial, y fue aquí donde comenzó el Renacimiento de Harlem, formado por escritores y artistas negros que rechazaban los estereotipos decimonónicos asociados a la sumisión a los blancos. También se autodenominaron New Negroes.

Renacimiento literario

Esta Gran Migración provocó un renacimiento cultural entre los negros que fue acompañado de una creciente conciencia de sí mismos. Los que habían servido como soldados en el extranjero habían comprobado allí que la gente en otros lugares los despreciaba menos que en su país. La mayor conciencia de sí mismos fue, paradójicamente, también estimulada por el hecho de ser tan visiblemente diferentes en un nuevo y aún hostil entorno de la gran ciudad. La propia Gran Migración fue el escenario de la novela de Jean Toomer, Cane (1923), pero después Toomer se apartó del movimiento y de la literatura. Los primeros poemas de Langston Hughes, The Weary Blues, aparecieron en 1926.

Las novelas del Renacimiento de Harlem pueden dividirse en tres grupos, según su actitud ante las relaciones entre blancos y negros: adaptación, autoafirmación prudente y tradición propia.

Adaptación

En la novela de adaptación, el negro se parece lo más posible a un blanco. Tiene una profesión respetable, como médico o abogado, e incluso su piel es de tono claro. Un ejemplo es Hay confusión (1924) de Jesse Fauset, ella misma profesora de francés y más tarde editora literaria y, por tanto, un ejemplo del negro llegado. Su obra, sin embargo, trata del odio a sí mismo inherente a la vida en medio de los prejuicios.

Passing (1929), de Nella Larsen, tiene incluso la adaptación como título: passing significa pasar por encima, adaptarse. La propia Larsen era una negra de piel clara -su madre era danesa- y en su obra aparecen mujeres de piel clara o mestizas.

Autoafirmación cautelosa

En las novelas de autoafirmación cautelosa, se elige el propio origen negro, aunque con limitaciones y definido por la cultura blanca dominante. El poeta y novelista Claude McKay ganó gran popularidad con su Home to Harlem (1928), la historia de un desertor negro que regresa a un Harlem en el que se producen disturbios raciales y que bulle de vida. Muchas de estas novelas están ambientadas en Harlem, pero no así God Sends Sundays (1931), de la novelista y poeta Arna Bontemps, que sitúa su novela en Nueva Orleans.

Su propia tradición

La centralidad del propio hábitat negro, no como una existencia de segunda oportunidad, sino como el escenario principal de lo descrito, se encuentra ya en el mencionado Cane. Con ello, Toomer escribió un libro experimental que incluye poesía y teatro además de prosa. La sustancia es la experiencia de ser negro. La estereotipación de los personajes negros respetables también es abandonada enfáticamente por una de las figuras más importantes del Renacimiento de Harlem, la antropóloga y folclorista Zora Neale Hurston.

Su obra tiene como escenario el Sur; a La viña de calabaza de Jonás (1934) le siguió su obra más importante, Los ojos de Dios (1937). En esta novela, el lenguaje utilizado, especialmente a través de los diálogos en lengua regional, es muy evocador y lírico. En el centro se encuentra una mujer que logra dar forma a su propia vida, sin siquiera disculparse por ello.

El fin del Renacimiento de Harlem

Las novelas de Hurston aparecieron en la década de 1930, cuando el Renacimiento de Harlem ya había dejado de existir como movimiento. La Gran Depresión había puesto fin al mismo. Una opinión alternativa, por tanto, es que God Sends Sundays ya había sido el último libro del periodo en 1931; sin embargo, esto no hace suficiente justicia a la posición de Hurston. Un factor totalmente diferente que hizo que el Renacimiento de Harlem fuera una cosa del pasado fue la llegada de un nuevo e importante talento literario: con Native Son (1940), Richard Wright emprendió una nueva dirección.

No obstante, el Renacimiento de Harlem tuvo una importante secuela. Langston Hughes siguió publicando hasta los años 60 (murió en 1967), y la influencia de Zora Neale Hurston en una autora tan importante como Toni Morrison es innegable.

Capítulo 9: Malcolm X

Malcolm X, nacido Malcolm Little, nacido en Omaha, Nebraska, el 19 de mayo de 1925, y fallecido en Nueva York, el 21 de febrero de 1965 fue uno de los líderes y portavoces estadounidenses de la Nación del Islam, una organización musulmana afroamericana que luchaba, entre otras cosas, por la igualdad de derechos de los negros. Fue uno de los fundadores de Muslim Mosque, Inc. y de la Organization of Afro-American Unity. Fue asesinado a principios de 1965.

A lo largo de su vida, pasó de ser un delincuente de poca monta a ser uno de los líderes separatistas negros más militantes de Estados Unidos, que adquirió fama mundial como defensor del panafricanismo. Su "apellido" X es una referencia al pasado de los afroamericanos que llegaron a América como esclavos. En el proceso, muchos recibieron el mismo apellido que el de sus dueños. La X indica la pérdida del nombre y la identidad.

Los antecedentes de Malcolm X

Malcolm nació el 19 de mayo de 1925 en Omaha, Nebraska, siendo el cuarto hijo de un total de siete descendientes de Earl y Louise Little. Su padre, un acérrimo pastor baptista y partidario de Marcus Garvey, murió en un accidente de tranvía, aunque se rumorea que fue asesinado por racistas blancos.

Ocho años después, en 1939, Louise Little fue ingresada en un hospital psiquiátrico donde permaneció durante veintiséis años hasta que Malcolm y sus hermanos la sacaron de allí.

Malcolm dejó el instituto y, tras pasar por varios hogares de acogida, se trasladó a Boston para vivir con su hermanastra. Durante ese tiempo, encontró trabajo como limpiabotas en un club nocturno de Lindy Hop. En su autobiografía, cuenta que le permitieron lustrar los zapatos de Duke Ellington y otros músicos negros famosos.

Después de un tiempo, se traslada a Nueva York, donde se involucra en el circuito criminal del barrio de Harlem. El tráfico de drogas, el juego, la prostitución y los robos definen sus días durante un tiempo. Para evitar ser reclutado para servir en el ejército estadounidense durante la Segunda Guerra Mundial, finge estar loco durante el examen médico.

Prisión

El 12 de enero de 1946, a la edad de 20 años, Malcolm fue condenado a entre ocho y diez años de prisión por robo, posesión de armas de fuego y hurto. En la calle le apodaban Red por su color de pelo rojo, que debía a la tez clara de su madre, que a su vez tenía esa tez clara porque su padre era escocés. En la cárcel, sus compañeros le apodaban Satán porque maldecía constantemente.

En 1948, un compañero de prisión le introdujo en las enseñanzas de la Nación del Islam. La Nación del Islam se describe como un grupo islámico militante que sostiene que la mayoría de los africanos eran musulmanes antes de ser capturados y deportados a América. Proclaman que todos los afroamericanos deben convertirse para volver a su herencia robada. La Nación del Islam se considera un grupo nacionalista que busca un estado independiente para los negros dentro de los actuales Estados Unidos.

Malcolm estudió las enseñanzas de Elijah Muhammad, adquiriendo muchos conocimientos sobre la Nación del Islam. Ella, su hermanastra, consiguió que lo trasladaran a una prisión con un régimen menos estricto en Massachusetts. Aquí continuó desarrollándose mediante el autoestudio y comenzó una intensa correspondencia, con el tiempo incluso diaria, con Elijah Muhammad, que se convirtió en su mentor.

Tras obtener la libertad condicional el 7 de agosto de 1952, Malcolm se puso a tono con una imagen distinguida y burguesa con corbata, gafas, maletín y reloj.

Nación del Islam

En 1952, tras muchos intercambios de cartas desde la cárcel, Malcolm conoció a Elijah Muhammad en Chicago. En ese momento, sustituyó su apellido por la conocida X, en oposición a su nombre de esclavo, Little. Más tarde, adoptaría el nombre musulmán de El-Hajj Malik El-Shabazz.

Su profundo compromiso con la organización le llevó a abrir varios templos por todo el país y a dirigir servicios en ellos como pastor. Gracias a su capacidad para pronunciar discursos enérgicos e inspiradores, pronto fue considerado el segundo al mando de la Nación del Islam.

En 1958 se casó con Betty Jean Sanders en Lansing, Michigan. Con ella tuvo seis hijas: Attilah (1958), Qubilah (1960), Ilyasah (1962), Amiliah (1964) y las gemelas Malaak y Malikah (1965).

El mensaje de Malcolm sobre la segregación de los negros inspiró al joven boxeador Cassius Clay a convertirse al Islam y unirse a los Musulmanes Negros, como se llamaba entonces la Nación del Islam. Malcolm X se convirtió en su amigo y mentor. Esta adhesión fue notable porque hasta entonces la Nación siempre se había opuesto por principio al deporte del boxeo, que se consideraba haram. Además, el boxeo confirmaría una vez más a los negros en el prejuicio estereotipado (blanco) de su naturaleza estúpida, sumisa y violenta.

Hacia 1963, surgieron tensiones en el seno de la Nación del Islam. La popularidad de Malcolm, y en especial su amistad con Cassius Clay, despertó la envidia de Elijah Muhammad y otros capataces de la organización. En venganza, Elijah dio a Muhammad Clay el nombre honorífico islámico de "Muhammad Ali" a condición de que rompiera todo contacto con Malcolm.

Después de que Malcolm hiciera también comentarios despectivos sobre el asesinato del presidente de Estados Unidos John F. Kennedy ("las gallinas están llegando a su lugar de nacimiento"; "lo que va, vuelve"), Elijah Muhammad le impuso una prohibición de hablar en público durante 90 días el 4 de diciembre de 1963. Malcolm ignoró esta prohibición y abandonó la Nación del Islam desilusionado el 8 de marzo de 1964.

En 1964 Malcolm comenzó a trabajar en su autobiografía en colaboración con Alex Haley.

Adiós a la Nación del Islam

Conmocionado por los persistentes rumores (confirmados más tarde por el hijo de Muhammad, Wallace) sobre las relaciones adúlteras de Elijah Muhammed con seis jóvenes secretarias privadas y por las diversas amenazas de muerte proferidas contra él por Muhammad, Malcolm X anunció el 8 de marzo de 1964 que se alejaba de la Nación del Islam y fundaba la Muslim Mosque, Inc. Durante este periodo, siguió siendo fiel a los principios de la Nación del Islam. En abril de ese año, pronunció su famoso discurso Ballot or the Bullet. En su opinión, la violencia negra seguía estando justificada como defensa propia o en respuesta a la violencia o las injusticias cometidas por los blancos.

Malcolm entró en contacto con varios musulmanes suníes, que le animaron a conocer su forma de creer. Pronto se convirtió al Islam suní, lo que le llevó a realizar el Hadj a La Meca en abril de 1964. Ante las decenas de miles de peregrinos de todas las razas, rangos y clases, entre los que se encontraban bastantes musulmanes blancos, Malcolm X, que a partir de entonces se rebautizó como Malek El-Shabazz, revisó sus ideas racistas de superioridad negra. Su larga lucha por forzar una segregación voluntaria de los afroamericanos de la sociedad estadounidense para volver a su continente de origen dio paso a una defensa, todavía radical, de la plena ciudadanía estadounidense. Aunque Arabia Saudí no abolió la esclavitud hasta 1962, según Malcom X, el Islam predicaba la igualdad racial, sin distinción del color de la piel. Como resultado de esta nueva comprensión y dirección de la marcha, buscó el acercamiento con otros líderes políticos negros, entre ellos Martin Luther King. Al debatir y colaborar con ellos, esperaba agudizar e internacionalizar la lucha por el movimiento de derechos civiles estadounidense. Esto se tradujo en un único y breve encuentro y apretón de manos entre ambos líderes activistas durante una rueda de prensa posterior a una audiencia en el Senado de Estados Unidos el 26 de marzo de 1964. Malcolm X siguió defendiendo el llamado nacionalismo negro, una cooperación socioeconómica de inspiración marxista entre los negros estadounidenses con la intención de establecer sus propios negocios por separado, sin (interferencia de) los ciudadanos blancos.

La muerte de Malcolm

El 14 de febrero de 1965, su casa fue incendiada. Malcolm y su familia sobrevivieron a este ataque, del que nunca quedó claro quién fue el responsable.

Una semana más tarde, el 21 de febrero, en el Audubon Ballroom de Manhattan, Malcolm acababa de empezar un discurso cuando estalló un tumulto en el público de 400 personas. Mientras los guardaespaldas de Malcolm intentaban calmarlo, un hombre afroamericano se acercó corriendo y disparó a Malcolm en el pecho con un rifle. Otros dos hombres le siguieron y dispararon pistolas contra Malcolm. Los espectadores consiguieron dominar a uno de los asesinos.

Los tres detenidos eran miembros de la Nación del Islam. Los tres fueron condenados por asesinato en marzo de 1966:

- **Talmadge Hayer** *confesó el asesinato, tenía 22 años en el momento del ataque y vivía en Paterson, Nueva Jersey. Era miembro de la Nación del Islam y había sido detenido anteriormente en 1961 y 1963 por disturbios y posesión de armas robadas, respectivamente. Hayer fue puesto en libertad el 27 de abril de 2010, tras 17 indultos.*
- **Norman 3X** *Mayordomo de Muhammad Abd Al-Aziz mantuvo su inocencia. Salió de la cárcel en 1985. Y fue nombrado director de la Mezquita nº 7 de la Nación del Islam en Harlem por Louis Farrakhan en 1998.*
- **Thomas 15X Johnson***, que cambió su nombre por el de Khalil Islam, fue liberado en 1987.*

Inicialmente, Talmadge Hayer se negó a revelar quiénes eran sus cómplices. Sin embargo, en 1977, en dos testimonios oficiales, declaró que Norman 3X Butler y Thomas 15X Johnson eran inocentes y nombró como Hayer a Albert Thomas, William Bradley, Leon David y Wilbur McKinley, todos ellos antiguos miembros de una mezquita de Newark, Nueva Jersey.

Algunos investigadores independientes que conocen bien los detalles del caso han acusado al antiguo líder de la Nación del Islam, Louis Farrakhan, de estar implicado en el asesinato. El propio Farrakhan sigue negando su implicación.

Parte 4: Tiempos actuales y racismo (institucional)

Capítulo 1: Racismo institucional

El racismo institucional, el racismo institucionalizado, el racismo estructural, el racismo de Estado o el racismo sistémico es la exclusión, la marginación y la discriminación sistemáticas de grupos de población mediante normas formales o informales basadas en instituciones. Es irrelevante que los actores de estas instituciones actúen deliberadamente o no. Las instituciones se definen como todas las organizaciones y estructuras de la sociedad, incluidos conceptos abstractos como el estado de derecho o las costumbres.

El racismo institucional difiere de otras formas de racismo que tienen lugar principalmente entre individuos.

Historia del término racismo institucional

Los activistas de los derechos civiles estadounidenses Stokely Carmichael (más tarde conocido como Kwame Ture) y Charles Hamilton utilizaron el término racismo institucional en 1967 en el libro Black Power: The Politics of Liberation. Los autores eran activistas del Poder Negro y utilizaron el término para describir las consecuencias de una estructura social con una jerarquía racial estratificada.

Como consecuencias, citaron la discriminación y la desigualdad de las minorías étnicas en materia de vivienda, ingresos, empleo, educación y salud. Como ejemplo, citaron Birmingham, Alabama, donde dijeron que quinientos bebés negros morían cada año debido a la falta de nutrición, vivienda e instalaciones médicas adecuadas, y miles más estaban física, emocional e intelectualmente devastados y desfigurados por la pobreza y la discriminación en la comunidad negra.

También calificaron de racismo institucional el confinamiento de la población negra en urbanizaciones ruinosas y el ser presa diaria de propietarios explotadores, usureros y agentes inmobiliarios discriminatorios.

En 1999, el informe de investigación del británico William Macpherson sobre el asesinato de Stephen Lawrence describió el término como "la incapacidad colectiva de una organización para proporcionar un servicio adecuado y profesional a las personas debido a su color, cultura o etnia. Puede observarse en procesos, actitudes y comportamientos que equivalen a una discriminación debida a prejuicios inconscientes, ignorancia, desconsideración y estereotipos racistas que perjudican a determinadas poblaciones."

Originalmente, el término era principalmente un concepto sociológico. El concepto de racismo institucional surgió a finales de la década de 1990 tras un largo paréntesis en el discurso político. Desde entonces, ha sido un concepto controvertido que se critica regularmente.

La palabra grupo se utiliza en los medios de comunicación holandeses desde 1969, alcanzando su punto álgido en octubre de 2013, cuando se produjo una importante cobertura mediática de la elaboración de perfiles étnicos por parte de la policía, y en 2020 en las manifestaciones contra el racismo tras la muerte del estadounidense George Floyd.

Definiciones de racismo institucional

El racismo institucional es originalmente un término sociológico que se define así:

La exclusión y/o discriminación sistemática de grupos sobre la base de normas escritas, pero sobre todo no escritas, tradiciones, comportamientos y modales. Es más sutil que el racismo manifiesto, que es simplemente reconocible en los comentarios discriminatorios de los individuos, y está inconscientemente incrustado en las estructuras de nuestra sociedad.

En el debate social suele tratarse de la discriminación sistemática e inconsciente de determinados grupos étnicos dentro de grandes organizaciones. Puede tratarse de organizaciones gubernamentales, como la Agencia Tributaria, los organismos municipales o la policía, pero también de organizaciones del mundo empresarial, como los departamentos de recursos humanos de las empresas, el sector de la hostelería o los propietarios de viviendas.

El diccionario de inglés de Cambridge define el racismo institucionalizado como las políticas, normas, prácticas, etc., que se han convertido en una parte permanente del funcionamiento de una organización o sociedad, y que crean y ayudan a mantener una situación en la que, en función de su raza, algunas personas disfrutan de ventajas estructuralmente injustas y otras sufren un trato injusto o perjudicial. El racismo institucional en el ámbito estatal también puede ser un sistema de discriminación integral y vertical, diseñado para beneficiar a un grupo de población y señorearlo sobre otros. Esto puede hacerse sobre la base de la ideología, la religión, la reivindicación de un territorio o por el racismo clásico, en el que el grupo étnico dominante se considera superior a los demás grupos étnicos.

Clasificación del racismo institucional

El racismo institucional se manifiesta en las diferencias de acceso a los bienes, servicios y oportunidades en la sociedad. Cuando estas diferencias se convierten en parte integrante de las instituciones, crean una práctica común difícil de corregir. En última instancia, esta forma de racismo se manifiesta en los organismos gubernamentales, las empresas y las universidades. Uno de los problemas de la reducción del racismo institucionalizado es que no hay un autor claro. Cuando el racismo está integrado en la institución, se expresa como una acción colectiva.

El psicólogo James M. Jones, profesor de la Universidad de Delaware, distingue tres formas en las que puede darse el racismo: personal, interiorizado e institucionalizado.

El racismo personal incluye acciones derivadas de los prejuicios raciales, la discriminación, los estereotipos, la falta de respeto, la desconfianza, la devaluación y la deshumanización.

El racismo interiorizado se da entre los propios miembros de la minoría étnica y consiste en las percepciones negativas sobre sus propias capacidades y valor intrínseco, como la baja autoestima y la baja autoestima de sus compañeros. Esta forma de racismo puede manifestarse a través de la aceptación de la blancura, pero también a través de la resignación, la impotencia y la desesperanza. Puede manifestarse de diversas maneras, como abandonando la escuela, no votando o no participando en las revisiones médicas.

El racismo institucional, según Jones, se distingue de otras formas de racismo por situar a los grupos raciales y étnicos minoritarios en desventaja con respecto a la mayoría racial o étnica de la institución mediante políticas, prácticas y estructuras económicas y políticas.

Un ejemplo de racismo institucional es la disparidad en los presupuestos y la calidad de los profesores en las escuelas públicas de Estados Unidos. Estos presupuestos suelen estar correlacionados con el valor de las viviendas de la zona: los barrios ricos tienen más probabilidades de ser más blancos, tienen mejores profesores y hay más dinero para la educación, incluso en las escuelas públicas. Otros ejemplos que a veces se describen como racismo institucional son la elaboración de perfiles étnicos por parte de los guardias de seguridad y la policía, el uso de caricaturas raciales estereotipadas, la escasa representación de las minorías en los medios de comunicación y, por último, la representación errónea de determinados grupos raciales en los mismos medios de comunicación.

Racismo estructural

Algunos investigadores sociológicos distinguen entre racismo institucional y racismo estructural. El primero se refiere a las normas y prácticas dentro de una institución, el segundo a las interacciones entre instituciones; interacciones que producen resultados diferentes según la etnia de la persona implicada. Una característica clave del racismo estructural es que no puede reducirse a los prejuicios individuales o a la función única de una institución.

Observabilidad del racismo institucional

El racismo institucional puede estar profundamente oculto en las estructuras de la sociedad, de modo que la gente apenas es consciente de él. Puede tratarse de comportamientos muy arraigados. El racismo institucional también puede estar presente en los reglamentos, políticas y procedimientos de una organización.

El racismo institucional acecha a las comunidades homogéneas. Los miembros de dicha comunidad - consciente o inconscientemente - creen que la sociedad ideal debe ser lo más uniforme posible. Entonces hay poco espacio para la diversidad. A las minorías y a otros extranjeros se les encomienda la tarea de integrarse o asimilarse. Los miembros de un grupo homogéneo también tienden a favorecer sistemáticamente a los miembros de su propio grupo frente a los que no pertenecen al grupo en sus interacciones sociales.

Según algunas opiniones, existe una diferencia en la percepción del racismo institucional entre las víctimas femeninas y masculinas. Los hombres son más propensos a experimentar la discriminación institucionalizada, las mujeres son más propensas a experimentar la discriminación interpersonal.

Las consecuencias

Una de las consecuencias del racismo institucional es la discriminación de las minorías en las esferas social, económica y política, que reduce la participación de las personas de estos grupos minoritarios en diversas actividades sociales.

El racismo sistémico en el mercado de la vivienda crea segregación en los barrios de blancos y negros.

Las menores oportunidades de empleo hacen que las personas pertenecientes a minorías étnicas sigan estancadas en una posición socioeconómica inferior.

Los niños de grupos minoritarios experimentan expectativas estructuralmente más bajas en la educación, lo que influye en su elección de escuela.

Debido a la denominada elaboración de perfiles étnicos por parte de la policía, hay más posibilidades de ser detenido y, por tanto, más posibilidades de ser sorprendido cometiendo un delito. Por lo tanto, hay una mayor posibilidad de castigo.

La menor participación en la política puede ser resultado del racismo institucional en los partidos políticos. Esto, a su vez, puede dar lugar a una menor consideración de las minorías en la elaboración de leyes y reglamentos.

El racismo institucional también afecta a la autoimagen de los grupos discriminados. Por ejemplo, en la década de 1940, el matrimonio Kenneth y Mamie Phipps Clark realizó una investigación con niños afroamericanos sobre su preferencia por el color de los dibujos y las muñecas y sobre su autoconciencia. Además de la preferencia por el color de la piel blanca, mostraban un comportamiento de evitación en el rechazo de su propio color de piel. Con ello, habrían interiorizado la preferencia cultural a una edad temprana.

Vivienda e hipotecas

El racismo institucional en el sector de la vivienda se observó en la década de 1930 con los prestamistas hipotecarios Home Owners Loan Corporation. Para determinar el riesgo de la hipoteca, los bancos se basaban en la ubicación de la vivienda. En los barrios con un alto riesgo de impago, los barrios de la línea roja, el riesgo se calificaba más alto.

Suelen ser barrios afroamericanos; mientras que los estadounidenses blancos de clase media podían obtener hipotecas, los de esos barrios no. En el transcurso de varias décadas, a medida que los estadounidenses blancos de clase media se mudaban del centro de la ciudad a casas más bonitas en los suburbios, los barrios predominantemente afroamericanos quedaban atrás. Las tiendas también se trasladaron a los suburbios para estar más cerca de sus clientes (blancos). Desde la década de 1930 hasta la de 1960, el New Deal y la Administración Federal de la Vivienda (FHA) de Franklin D. Roosevelt permitieron el crecimiento del capital de la clase media blanca concediendo préstamos a los bancos que, a su vez, financiaron la compra de viviendas por parte de los blancos, lo que permitió la salida de las familias blancas de los centros urbanos.

Los bancos no concedían préstamos a los negros. Como las minorías étnicas no podían obtener financiación y ayuda de los bancos, los estadounidenses blancos obtuvieron una ventaja cada vez mayor sobre los estadounidenses negros al obtener plusvalías. Como resultado, los hijos de la clase media blanca podían financiarse con el patrimonio de los propietarios cuando iban a la universidad. Esto no era posible en las familias negras y de otras minorías.

Entre 1934 y 1962, menos del 2% de las viviendas subvencionadas por el gobierno se destinaron a personas no blancas. El racismo institucional del modelo de la FHA se atenuó en la década de 1970. Los esfuerzos del presidente Obama también mejoraron la situación con la introducción de la Financiación de la Vivienda Justa.

Los programas descritos anteriormente y financiados por el gobierno de EE.UU. han tenido un impacto significativo en los centros urbanos. Los barrios negros se están convirtiendo en desiertos de alimentos, pero tenían muchas tiendas de licores. Los barrios de bajos ingresos sólo tenían pequeñas tiendas de comestibles independientes que normalmente tenían que cobrar precios más altos. Los consumidores pobres de estos barrios tenían que hacer sus compras en los barrios de mayores ingresos o gastar más en sus propios barrios.

La segregación racial actual y las disparidades de riqueza entre los estadounidenses de distinto color de piel son el resultado de otras políticas del pasado. Por ejemplo, los trabajadores agrícolas y de cuello blanco, en su mayoría negros, no tenían derecho a las prestaciones de la Ley de Seguridad Social de 1935. De hecho, los terratenientes del Sur no querían que la ayuda del gobierno cambiara el sistema agrícola. La Ley Wagner de 1935 también prohibía por ley que los negros se afiliaran a cualquier sindicato que pudiera ofrecerles protección.

Las investigaciones realizadas en grandes ciudades como Los Ángeles y Baltimore muestran que las comunidades de minorías étnicas tienen menos acceso a los parques y otros espacios verdes. Los parques tienen beneficios sociales, económicos y sanitarios. Los espacios públicos permiten la interacción social, posibilitan la actividad física diaria y mejoran la salud mental. Las comunidades minoritarias también tienen menos acceso a los procesos de toma de decisiones que determinan la distribución de los parques.

Racismo sistémico en la atención sanitaria

El racismo institucional afecta a la accesibilidad de la atención sanitaria en las comunidades de minorías no blancas. Los grupos étnicos minoritarios tienen más probabilidades de no estar asegurados que la mayoría blanca, lo que reduce su acceso a diversos servicios sanitarios.

Esto crea disparidades sanitarias entre los grupos étnicos. En consecuencia, varias enfermedades en Estados Unidos, incluido el SIDA, son más comunes entre las minorías étnicas. En un artículo de 1992, Janis Hutchinson sostiene que el gobierno federal también ha tardado en responder a la epidemia de SIDA en las comunidades minoritarias y que el gobierno no ha tenido en cuenta la diversidad étnica en la prevención y el tratamiento del SIDA. La proporción relativamente alta de presos negros también provocó más infecciones de SIDA. Estos hombres sufrieron violaciones y adicción a las drogas en la cárcel que implicaban el uso de agujas contaminadas. Debido al gran número de presos de la comunidad negra, sus esposas buscaban más contactos sexuales fuera de la cárcel, lo que provocaba un mayor riesgo de infección por el VIH.

Racismo sistémico en el medio ambiente

El racismo institucional también puede afectar a la salud de las minorías a través de factores medioambientales. Por ejemplo, la segregación racial exponía de forma desproporcionada a las comunidades negras a sustancias químicas como la pintura con plomo, los gases de diésel, las multitudes, la basura y el ruido.

Racismo sistémico en la policía y el sistema de justicia penal

El racismo en el seno de la policía estadounidense es considerado estructural por algunos, pero en absoluto por todos. En cada caso, el racismo dentro de la policía estadounidense culmina en un asesinato por parte de agentes de policía. Ejemplos de estos asesinatos son los de Michael Brown en 2014 y George Floyd en 2020. Un estudio de la Universidad de Stanford descubrió que los afroamericanos tenían un 20% más de probabilidades de ser controlados en un control de tráfico. En Los Ángeles, el 28% de las personas detenidas por los agentes de policía eran negras, a pesar de que solo representan el 9% de la población.

El racismo institucional también se da en el sistema de justicia penal. Los afroamericanos tienen más probabilidades de ser condenados por delitos penales que los blancos o las personas de origen hispano. Un ejemplo de ello son las condenas por posesión de cocaína. Aunque aproximadamente 2/3 de los consumidores de cocaína en Estados Unidos son blancos o hispanos, en 1994 el 84,5% de los acusados condenados por posesión de cocaína eran negros, mientras que el 10,3% eran blancos y el 5,2% eran hispanos. Otra manifestación de este hecho es que los casos de homicidio con víctimas blancas tenían más probabilidades de acabar con una sentencia de muerte que los casos con víctimas negras.

Racismo sistémico en la administración pública

En teoría, los funcionarios públicos se nombran por méritos. En la
práctica, sin embargo, hay razones que impiden la integración de las
minorías étnicas. El Departamento de Trabajo de EE.UU. empezó a
imponer cuotas raciales en la década de 1970, pero las demandas
judiciales resultaron necesarias para lograr la aplicación efectiva de estas
cuotas. En 1971, los Vulcan Blazers del Departamento de Bomberos de
Baltimore presentaron una demanda histórica que dio como resultado el
nombramiento de negros para puestos de liderazgo en el departamento
de bomberos. Otros grupos minoritarios siguieron su ejemplo y también
acudieron a los tribunales. En 2009, la ciudad de Baltimore pagó 4,6
millones de dólares para resolver un caso de discriminación de agentes de
policía.

Racismo sistémico en la educación

Las pruebas estandarizadas también se consideran una forma de racismo
institucional, ya que parece que estas pruebas favorecen a las personas
de un determinado entorno sociocultural. Sin embargo, aún no se
conocen del todo las causas de las diferencias en los resultados de las
pruebas.

No fue hasta la década de 1960 cuando los jóvenes de color pudieron
estudiar en las universidades. Esto fue posible gracias a las Leyes de
Derechos Civiles y de Educación Superior. Sin embargo, las barreras a la
integración seguían existiendo en las instituciones de educación superior,
predominantemente blancas. También era difícil para muchos estudiantes
negros asistir a la universidad debido a la mala calidad de la educación
primaria y secundaria en las escuelas segregadas.

Racismo sistémico en la política

La representación negra en el Congreso de Estados Unidos siempre ha
sido baja desde la abolición de la esclavitud. Durante el gobierno de
Nixon, había 11 representantes negros, diez en la Cámara de
Representantes y uno en el Senado. Después, la representación de los
negros empezó a aumentar.

Capítulo 2: Las vidas de los negros importan

Black Lives Matter (abreviado como BLM) es un movimiento internacional que se originó en la comunidad afroamericana de Estados Unidos en respuesta a la violencia policial contra los afroamericanos. El movimiento comenzó con el hashtag "#BlackLivesMatter" después de que George Zimmerman fuera absuelto en 2013 por la muerte de Trayvon Martin el 26 de febrero de 2012 en Sanford (Florida), un joven afroamericano de 17 años.

Desde entonces, los activistas políticos de Black Lives Matter (Las Vidas Negras Importan) se han opuesto a todas las formas de violencia contra la población negra, incluida la brutalidad policial, la elaboración de perfiles étnicos y el castigo excesivo de la población negra en el sistema judicial estadounidense.

El movimiento organiza manifestaciones y protestas, y desde 2015 también ha desafiado a los políticos a pronunciarse contra la violencia contra los afroamericanos. Black Lives Matter (Las vidas negras importan) adquirió relevancia nacional en 2014 gracias a las protestas que siguieron a la muerte de Eric Garner el 17 de julio de 2014 en Nueva York y a la muerte de Michael Brown el 9 de agosto de 2014 en Ferguson (Misuri). Desde las protestas en Ferguson, se sucedieron muchas protestas en todo el país. Tras la muerte de George Floyd en Minneapolis, el 25 de mayo de 2020, los seguidores de Black Lives Matter crecieron rápidamente a nivel internacional y volvieron a producirse muchas protestas.

Movimientos de protesta anteriores

Los orígenes del movimiento Black Lives Matter se encuentran en el movimiento por los derechos civiles de los afroamericanos. El movimiento por los derechos civiles luchó durante décadas para acabar con la segregación racial (separación racial) y la discriminación en Estados Unidos.

El movimiento Black Lives Matter afirma que se inspira además en el movimiento Black Power, entre otros. Varios medios de comunicación se refirieron al movimiento Black Lives Matter como un nuevo movimiento de derechos civiles.

Protestas en línea

El movimiento Black Lives Matter surgió en el verano de 2013 tras la absolución de George Zimmerman por el asesinato del adolescente negro Trayvon Martin. El movimiento con el hashtag "#BlackLivesMatter" fue fundado por tres mujeres negras estadounidenses Alicia Garza, Patrisse Cullors y Opal Tometi.

Alicia Garza publicó un mensaje en Facebook, titulado "una carta de amor a los negros", en el que decía: "Nuestras vidas importan, las vidas de los negros importan". A esto, Patrisse Cullors respondió con "#BlackLivesMatter". Les apoyó Opal Tometi.

Demostraciones

El movimiento organizó la primera manifestación nacional "Freedom Ride" en Ferguson, en el estado estadounidense de Misuri, en agosto de 2014. El detonante de esta manifestación fue la muerte de Michael Brown, un adolescente negro. El agente de policía Darren Wilson mató a Michael Brown de un disparo. El agente había disparado doce balas. Michael Brown estaba desarmado. Al día siguiente de este tiroteo, estallaron las protestas en Ferguson.

Alicia Garza, junto con las otras dos cofundadoras de Black Lives Matter, Patrisse Cullors y Opal Tometi, organizaron este "Viaje por la Libertad" a Ferguson. Más de 500 personas de 18 ciudades diferentes de Estados Unidos se inscribieron.

Estructura

Black Lives Matter es una organización descentralizada. Sus fundadores se oponen a la estructura verticalista que utilizaban los anteriores movimientos de derechos civiles. Johnetta Elzie, una conocida activista de Black Lives Matter, destaca que la organización siempre ha mantenido que está formada por muchos.

Según ella, no puede haber una persona líder del movimiento, sino que todos son líderes. Para aquellos que decidan involucrarse en el movimiento Black Lives Matter, el movimiento tiene trece principios rectores que son importantes como la diversidad, la empatía y la justicia restaurativa, entre otros.

Capítulo 3: La muerte de Trayvon Martin

La muerte de Trayvon Martin se produjo la noche del 26 de febrero de 2012 en Sanford, Florida, cuando el vigilante latino de 28 años George Zimmerman disparó y mató a Trayvon Martin, un joven afroamericano de 17 años (nacido el 7 de febrero de 1995 en Miami Gardens). Zimmerman adujo como motivo la defensa propia.

Esta muerte y las circunstancias en que se produjo dieron lugar a un debate nacional sobre el racismo en Estados Unidos, que también se extendió a otros países. Zimmerman fue acusado de homicidio involuntario. El juicio comenzó el 10 de junio de 2013 en Sanford. El 13 de julio de 2013, tras dieciséis horas de deliberación de un jurado de seis miembros, Zimmerman fue declarado inocente y absuelto.

Zimmerman declaró que Trayvon Martin, que caminaba por un barrio de Sanford con una sudadera con capucha, actuaba de forma sospechosa. Cuando habló con el chico, se produjo una refriega en la que Zimmerman disparó y mató al desarmado Martin. Zimmerman alegó que se trataba de un caso de defensa de emergencia. Según la ley de Florida, estaba permitido matar a alguien en defensa de emergencia. Como resultado, el jurado se sintió obligado a absolverlo. Si el jurado lo hubiera declarado culpable, Zimmerman podría haber recibido una sentencia de cadena perpetua. Una miembro anónima del jurado reveló poco después que estaba convencida de que Zimmerman era realmente culpable de la muerte del adolescente. Señaló que la legislación, obligaba a declarar a Zimmerman inocente. Por lo tanto, la miembro del jurado clamó por un endurecimiento de la ley de autodefensa.

Tras la absolución, miles de personas, sobre todo afroamericanos, salieron a la calle en señal de protesta, produciéndose escaramuzas con la policía. El reverendo Raphael Warnock declaró que Martin había sido asesinado porque, como niño negro, no era visto como un ser humano, sino como un problema. El presidente Obama, que dijo que si tuviera un hijo se parecería a Martin, pidió a los manifestantes que respetaran la justicia.

Capítulo 4: La muerte de George Floyd

La muerte de George Floyd, un hombre afroamericano, ocurrió en Minneapolis, Minnesota, el 25 de mayo de 2020. Floyd, de 46 años, murió después de que el agente de policía Derek Chauvin apoyara su rodilla en el cuello de Floyd durante más de ocho minutos mientras éste yacía esposado sobre su estómago en la calle. Otros dos agentes apoyaron simultáneamente sus rodillas en su espalda y un cuarto agente mantuvo a raya al público. Después de que Floyd se desmayara tras unos seis minutos, Chauvin mantuvo su rodilla sobre el cuello de Floyd durante casi tres minutos más. A continuación, Floyd fue trasladado al hospital en una ambulancia; un intento de reanimación en la ambulancia fue infructuoso. Fue declarado muerto a su llegada al hospital. Chauvin fue declarado culpable del asesinato de George Floyd por un jurado el 20 de abril de 2021.

La agresión fue filmada por los transeúntes con un teléfono móvil y transmitida en directo por Facebook Live. Esto llamó la atención de los medios de comunicación estadounidenses. El suceso se convirtió en noticia mundial y provocó protestas en Minneapolis y otras ciudades del mundo contra el racismo. Algunas de estas protestas degeneraron en disturbios y saqueos. Durante algún tiempo, las organizaciones de derechos humanos de Estados Unidos se habían quejado de lo que consideraban un trato discriminatorio de la policía hacia los negros, sin que hubiera mejorado.

Cuatro agentes participaron en la detención de Floyd. Todos fueron despedidos poco después de la muerte de Floyd. Chauvin fue arrestado el 29 de mayo de 2020, bajo sospecha de homicidio, posteriormente agravado a homicidio involuntario. Los otros tres agentes fueron arrestados el 3 de junio de 2020, bajo sospecha de complicidad en el homicidio.

¿Quién es George Floyd

George Floyd, padre de dos hijas y un hijo, era un hombre estadounidense de ascendencia afroamericana. Trabajó como guardia de seguridad en un restaurante de Minneapolis durante cinco años antes de perder su empleo debido a la pandemia de gripe que estalló en 2020.

El 9 de junio fue enterrado en Pearland, Texas, el estado en el que creció. Previamente hubo un servicio conmemorativo en la iglesia de Houston.

Agentes

Chauvin era un hombre blanco de 44 años que trabajaba como agente de policía para el Departamento de Policía de Minneapolis desde 2001. Tenía dieciocho denuncias a su nombre, dos de las cuales dieron lugar a una amonestación oficial.

Uno de los otros tres agentes fue acusado en 2017 de uso excesivo de la fuerza en el ejercicio de sus funciones. El caso se resolvió extrajudicialmente con 25.000 dólares. Los otros dos agentes llevaban poco tiempo de servicio.

Los cuatro agentes fueron despedidos y acusados poco después de la muerte de Floyd. El agente que puso su rodilla en el cuello de Floyd se arriesga a una pena de prisión de hasta 40 años.

Declaraciones del personal de la policía y de las ambulancias

Poco después de las 8 de la tarde del 25 de mayo, Día de los Caídos, la policía de Minneapolis respondió a una denuncia de pago con dinero falso en la Avenida Chicago Sur, en el barrio de Powder horn. Según el copropietario de una tienda de alimentación cercana, un empleado determinó que Floyd había intentado pagar con un billete falso de 20 dólares. En ese momento se llamó a la policía, que encontró a Floyd en un coche cercano. Según ellos, Floyd había estado bajo los efectos del alcohol. Un portavoz de la policía declaró que los agentes le ordenaron que saliera del vehículo, tras lo cual supuestamente se resistió físicamente. Los dos agentes le pidieron entonces que subiera al coche de policía, tras lo cual gritó que tenía claustrofobia y entró en pánico. Después de esto, llegaron dos agentes más como refuerzo, incluido el agente que mantuvo su rodilla en el cuello de Floyd durante minutos.

Según la policía de Minneapolis, los agentes lograron esposar al sospechoso y determinaron que sufría problemas médicos. En ese momento llamaron a una ambulancia. Según el comunicado de la policía, no se utilizaron armas en la detención. Según el Departamento de Bomberos de Minneapolis, el personal de la ambulancia trasladó al hombre desde el lugar de los hechos e intentó reanimarlo. Determinaron que no tenía latidos y que no respondía a los procedimientos médicos. Floyd fue trasladado al Centro Médico del Condado de Hennepin, donde fue declarado muerto.

Vídeo en directo

Parte de la detención fue filmada por un transeúnte y transmitida en directo por Facebook Live. Este vídeo se hizo rápidamente viral. En el vídeo se puede ver a un agente presionando el cuello de Floyd con una rodilla.

En el momento en que comienza el vídeo, Floyd ya está tumbado en la calle con el pecho presionado, mientras el agente se arrodilla sobre su cuello y se dirige a él de forma humillante. Floyd pide que le quiten la rodilla del cuello e indica que se está ahogando. El oficial responde sarcásticamente con "Puedes hablar, así que puedes respirar". Un transeúnte pide al agente que le dé a Floyd espacio para respirar. A pesar de las continuas súplicas de Floyd y de las reacciones de los transeúntes, el policía no retira su rodilla del cuello de Floyd. Floyd finalmente deja de intentar levantarse y le sangra la nariz. Más tarde, pierde el conocimiento. Los agentes ignoran las peticiones de los transeúntes para que tomen el pulso a Floyd.

El agente sólo retiró su rodilla del cuello de Floyd cuando llegaron los servicios médicos de emergencia para levantar su cuerpo en una camilla. Fue trasladado en una ambulancia. Este vídeo muestra al policía arrodillado sobre el cuello de Floyd durante al menos siete minutos.

Otra grabación de vídeo

Un segundo vídeo de un transeúnte, grabado desde un vehículo, muestra cómo sacan a Floyd de su coche. Esta grabación no muestra, según varios medios de comunicación, que Floyd se resistiera.

Los medios de comunicación distribuyeron posteriormente un vídeo de seis minutos de duración grabado por una cámara de vigilancia de un restaurante cercano. En él se ve a dos agentes sacando a un hombre de un vehículo. El hombre es esposado y llevado a la acera, donde se sienta. Llega un tercer agente. Más tarde, un agente ayuda al hombre a levantarse y dos agentes lo llevan a un vehículo policial, donde el hombre cae al suelo. Aunque la policía afirmó inicialmente que Floyd se había resistido físicamente a la detención, este vídeo de vigilancia muestra a los agentes sujetándole con calma. Otras secuencias de vídeo respaldan estas imágenes descritas.

La causa de la muerte

La autopsia inicial fue ordenada por las autoridades e inicialmente el resultado fue que Floyd murió por una combinación de ateromasias del corazón, hipertensión, intoxicación por fentanilo y uso reciente de metanfetamina. La familia de Floyd no se fiaba de este resultado y, por tanto, encargó una segunda autopsia a una parte independiente, Michael Baden y Allecia Wilson, que concluyó que la causa de la muerte fue la asfixia. Tras esta segunda autopsia, el patólogo de la primera revisó su informe y confirmó "que Floyd murió porque no le llegó suficiente sangre al cerebro como consecuencia del pinzamiento del cuello mientras estaba retenido por los agentes de policía de Minneapolis".

La muerte de Floyd provocó varios días de manifestaciones contra la brutalidad policial en todo el mundo

La línea de tiempo de la historia afroamericana

La siguiente línea de tiempo destaca los hitos de la historia de los afroamericanos, con enlaces a artículos relacionados. Las entradas están agrupadas en ocho grandes períodos:

- **Siglo II AD-1789: Del Viejo al Nuevo Mundo**
- **1790–1863: La esclavitud de los africanos**
- **1864–1916: La Reconstrucción y el inicio de la Gran Migración**
- **1917-37: La Era del Jazz y el Renacimiento de Harlem**
- **1938-59: El nacimiento del movimiento por los derechos civiles**
- **1960–69: El movimiento por los derechos civiles y el poder negro**
- **1970–89: Cambios revolucionarios**
- **De 1990 a la actualidad: Los años del Milenio**

Siglo II-III D.C.

- Axum se convierte en el mayor mercado del noreste de África.

~600

- Se establece Ghana, el primero de los grandes imperios comerciales medievales de África occidental. Sus habitantes actúan como intermediarios entre los comerciantes de sal árabes y bereberes del norte y los productores de oro y marfil del sur.

~1100

- El Gran Zimbabue (en lo que más tarde sería el sureste de Zimbabue) comienza unos 400 años como el corazón de un gran imperio comercial.

1230

- Sundiata, un monarca de África Occidental, establece el imperio de Malí, que florece durante dos siglos y dura tres.

1307

- Mansa Musa toma el trono del gran Imperio de Malí.

1400

- Se forma una alianza informal de siete estados africanos. Conocidos como los estados Hausa, florecen hasta el siglo XIX, cuando son conquistados por los Fulani.

1441

- Los primeros esclavos africanos son transportados a Portugal.

1464

- Sonni ʿAli sube al trono del reino Songhai. A su muerte, en 1492, los Songhai controlan un vasto imperio comercial que dura hasta finales del siglo XVI.

1517

- La esclavitud en las plantaciones negras comienza en el Nuevo Mundo cuando los españoles empiezan a importar esclavos de África para sustituir a los nativos americanos. Los nativos americanos murieron a causa de las duras condiciones de trabajo y la exposición a las enfermedades del Viejo Mundo a las que no tenían inmunidad.

1565

- Los españoles llevan esclavos a San Agustín, el primer asentamiento permanente en lo que luego sería el estado de Florida.

1619

- Un barco holandés con 20 esclavos africanos a bordo llega a la colonia inglesa de Jamestown, Virginia.

1650

- El imperio yoruba Oyo comienza a hacerse poderoso en lo que más tarde sería el suroeste de Nigeria. El imperio alcanza su apogeo en la primera parte del siglo XVIII.

1700

- Los ashanti comienzan a suministrar esclavos a los comerciantes británicos y holandeses de la costa suroeste de África (posteriormente el sur de Ghana). A cambio, reciben armas de fuego, que utilizan para apoyar su expansión territorial.

1739

- La rebelión de Stono, una de las primeras revueltas de esclavos, se produce en Charleston, en la colonia de Carolina del Sur, de mayoría negra. La rebelión provoca la muerte de al menos 20 blancos y más de 40 negros.

1746

- La poetisa y narradora Lucy Terry, una esclava, compone el poema "Bars Fight", el primer poema existente de un afroamericano. Transmitido oralmente durante más de 100 años, aparece por primera vez impreso en 1855.

1760

- Jupiter Hammon, un esclavo de Connecticut, escribe una autobiografía que a menudo se considera la primera narración de esclavos.

1770

- Crispus Attucks, un esclavo fugado, es asesinado por soldados británicos en la Masacre de Boston. Es una de las primeras personas que mueren por la causa de la independencia americana.

1772

- Jean-Baptist-Point Du Sable, un comerciante pionero negro, construye un puesto de comercio de pieles en el río Chicago, en el lago Michigan. Su éxito conduce al asentamiento que más tarde se convertirá en la ciudad de Chicago.

1773

- Phillis Wheatley, la primera poetisa negra notable de Estados Unidos, publica en Inglaterra sus POEMAS SOBRE TEMAS DIVERSOS, RELIGIOSOS Y MORALES. Wheatley es aclamada en Europa y América tras la publicación de la obra, que es el primer libro de literatura afroamericana.

1777

- Vermont, que aún no forma parte de los Estados Unidos, se convierte en la primera colonia en abolir la esclavitud en su constitución.

1781

- James Armistead (más tarde James Lafayette), un esclavo, espía a las fuerzas británicas en Virginia para el marqués de Lafayette durante la Revolución Americana.

1789

- Olaudah Equiano publica su autobiografía en dos volúmenes, THE INTERESTING NARRATIVE OF THE LIFE OF OLAUDAH EQUIANO; OR GUSTAVUS VASSA, THE AFRICAN, WRITTEN BY HIMSELF. Esta pionera narración de esclavos se hace muy popular.

1790–1863: La esclavitud de los africanos

1790

- Benjamin Banneker, matemático y compilador de almanaques, es nombrado por el presidente George Washington para la Comisión del Distrito de Columbia. Para la comisión, Banneker trabaja en el levantamiento de Washington, D.C.

1793

- El Congreso aprueba la primera Ley de Esclavos Fugitivos, por la que se tipifica como delito albergar a un esclavo fugado o interferir en su detención.

1793

- Eli Whitney inventa la desmotadora de algodón, una máquina que facilita el procesamiento del algodón. Se le atribuye el establecimiento del algodón como el cultivo más importante del Sur de Estados Unidos. Para satisfacer la creciente demanda de los propietarios de las fábricas de algodón, se importan más esclavos para trabajar en los campos de algodón. La desmotadora de algodón contribuye así a institucionalizar la esclavitud.

1799

- Richard Allen se convierte en el primer ministro negro ordenado de la Iglesia Metodista Episcopal.

1800

- Un esclavo llamado Gabriel planea la primera gran rebelión de esclavos de la historia de Estados Unidos. Reúne a más de 1.000 esclavos armados cerca de Richmond, Virginia. Tras el fracaso de la revuelta, 35 esclavos, incluido Gabriel, son ahorcados.

1816

- Se organiza formalmente la Iglesia Metodista Episcopal Africana. Richard Allen se convierte en su primer obispo.

1817

- Se crea la Sociedad Americana de Colonización para transportar a África a los negros nacidos libres y a los esclavos liberados. La sociedad funda más tarde una colonia en África que se convierte en la República de Liberia en 1847.

1820

- El Compromiso de Missouri prevé la admisión de Missouri en la Unión como estado esclavista. No se permitirá la esclavitud en Maine ni en los territorios occidentales al norte de la frontera sur de Missouri.

1822

- Denmark Vesey, un esclavo liberado, planea la mayor revuelta de esclavos de la historia de Estados Unidos, en Charleston, Carolina del Sur. La rebelión es traicionada antes de que el plan pueda llevarse a cabo. Vesey y otras 34 personas son ahorcadas.

1829

- El abolicionista afroamericano David Walker publica el panfleto APPEAL...TO THE COLORED CITIZENS OF THE WORLD..., en el que llama a la rebelión de los esclavos. Radical para la época, es aceptado por una pequeña minoría de abolicionistas.

1831

- William Lloyd Garrison, un hombre blanco, comienza a publicar el periódico antiesclavista THE LIBERATOR. Pide la liberación de los esclavos afroamericanos.

- Nat Turner, un esclavo de Virginia, lidera la única rebelión efectiva y sostenida de esclavos en la historia de Estados Unidos. Se le unen hasta 75 compañeros esclavos, que matan a 60 blancos. Unas seis semanas después de la derrota de la rebelión, Turner es ahorcado.

1833

- Se funda la American Anti-Slavery Society, principal brazo activista del movimiento abolicionista, bajo el liderazgo de William Lloyd Garrison.

1839

- Los esclavos se rebelan en el barco negrero español AMISTAD cerca de la costa de Cuba. Los rebeldes son detenidos en aguas cercanas a Nueva York. El ex presidente estadounidense John Quincy Adams los defiende con éxito ante el Tribunal Supremo.

1840

- El Partido de la Libertad celebra su primera convención nacional en Albany, Nueva York. En oposición a su compañero abolicionista William Lloyd Garrison, los miembros creen en la acción política para promover los objetivos antiesclavistas.

1843

- Henry Highland Garnet, abolicionista y clérigo afroamericano, pronuncia un polémico discurso en la convención nacional de negros libres. Conmociona a sus oyentes al pedir a los esclavos que asesinen a sus amos.

1847

- Joseph Jenkins Roberts, hijo de negros libres de Virginia, es elegido primer presidente de Liberia.

- Frederick Douglass, un esclavo fugado, comienza a publicar THE NORTH STAR, un periódico antiesclavista.

1848

- El Free-Soil Party, un partido político menor pero influyente, nombra al ex presidente de EE.UU. Martin Van Buren para encabezar su candidatura. El partido se opone a la extensión de la esclavitud a los territorios del oeste.

1850

- En nombre del movimiento abolicionista, Sojourner Truth, una evangelista y reformista negra, viaja por el Medio Oeste estadounidense. Atrae a grandes multitudes.

- Harriet Tubman regresa a Maryland para guiar a los miembros de su familia hacia la libertad a través del Ferrocarril Subterráneo. Tras ayudar a escapar a más de 300 esclavos, llega a ser conocida como el "Moisés de su pueblo".

- En un esfuerzo por mantener un equilibrio entre los estados libres y los esclavos, el Congreso de Estados Unidos aprueba una serie de medidas de compromiso. Entre ellas se incluye una nueva Ley de Esclavos Fugitivos más estricta, que contribuye a la propagación del movimiento abolicionista.

1853

- El ministro episcopaliano estadounidense Alexander Crummell se convierte en misionero y profesor en Liberia. Defiende un programa de conversión religiosa y desarrollo económico y social.

- William Wells Brown publica CLOTEL, la primera novela de un afroamericano. Brown, antiguo esclavo, es abolicionista, historiador y médico, además de autor.

1854

- Se publica la colección de versos más popular de la autora
  Frances E.W. Harper, POEMS ON MISCELLANEOUS SUBJECTS.
  Contiene el poema antiesclavista "Bury Me in a Free Land".

1856

- En la continua contienda entre las fuerzas proesclavistas y
  antiesclavistas en Kansas, una turba saquea la ciudad de
  Lawrence, un "semillero de abolicionismo". En represalia, el
  abolicionista blanco John Brown dirige una incursión mortal
  en un asentamiento pro-esclavista en Pottawatomie Creek.

1857

- En su decisión Dred Scott, el Tribunal Supremo de EE.UU.
  legaliza la esclavitud en todos los territorios. La decisión
  aumenta las tensiones entre el Norte y el Sur y empuja al
  país hacia la guerra civil.

1859

- Harriet E. Wilson escribe OUR NIG, una novela en gran parte
  autobiográfica sobre el racismo en el Norte antes de la
  Guerra Civil estadounidense.

- El Tribunal Supremo de EE.UU., en el caso ABLEMAN contra
  BOOTH, confirma la Ley de Esclavos Fugitivos de 1950. Anula
  un acto de un tribunal del estado de Wisconsin que declaró
  la ley inconstitucional.

- Martin R. Delany, médico y defensor del nacionalismo
  negro, dirige una expedición a África Occidental. Investiga el
  Delta del Níger como lugar de asentamiento de
  afroamericanos.

1860

- Después de que Abraham Lincoln gane las elecciones
  presidenciales de Estados Unidos, Carolina del Sur se separa
  de la Unión en diciembre. Le siguen en enero de 1861

Misisipi, Florida, Alabama, Georgia y Luisiana, y en febrero Texas. A medida que se dibujan las líneas de batalla, Virginia, Carolina del Norte, Arkansas y Tennessee también deciden separarse.

1861

- La Guerra Civil estadounidense comienza cerca de Charleston, Carolina del Sur, cuando los confederados abren fuego contra el Fuerte Sumter.

1861

- Harriet Jacobs publica INCIDENTES EN LA VIDA DE UNA NIÑA ESCLAVA, la primera autobiografía de una mujer afroamericana anteriormente esclavizada.

1861

- Pinckney Pinchback, un hombre negro nacido libre, atraviesa el bloqueo confederado en el río Misisipi para llegar a Nueva Orleans. Allí recluta una compañía de voluntarios negros para la Unión, el Corps d'Afrique.

1862

- El futuro congresista estadounidense Robert Smalls y otros 12 esclavos negros toman el control de una fragata armada confederada en el puerto de Charleston, Carolina del Sur. Entregan el barco a un escuadrón naval de la Unión que bloquea la ciudad.

- Se aprueba la segunda Ley de Confiscación, que establece que los esclavos de los funcionarios civiles y militares confederados "serán libres para siempre". La ley sólo es aplicable en las zonas del Sur ocupadas por el ejército de la Unión.

1863

- El 1 de enero, el presidente Abraham Lincoln firma la Proclamación de Emancipación, liberando a los esclavos de los estados confederados.

1864

- La indignación del Sur por el uso de soldados negros por parte del Norte se dispara. Las fuerzas confederadas capturan Fort Pillow, en Tennessee, y masacran a las tropas negras de la Unión en su interior; algunas son quemadas o enterradas vivas.

- El presidente Abraham Lincoln se niega a firmar el proyecto de ley Wade-Davis, que exige mayores garantías de lealtad a la Unión por parte de los ciudadanos blancos y los gobiernos de los estados que se han separado.

1865

- La Guerra Civil estadounidense termina el 26 de abril, tras la rendición de los generales confederados Robert E. Lee y J.E. Johnston.

- El Congreso establece la Oficina de Liberados para ayudar a cuatro millones de estadounidenses negros en la transición de la esclavitud a la libertad.

1866

- Los estados de la antigua Confederación aprueban leyes de "código negro" para garantizar la continuidad de la supremacía blanca, a pesar de la Proclamación de Emancipación y la Decimotercera Enmienda.

- El ejército estadounidense forma regimientos de caballería e infantería negros que sirven en el Oeste desde 1867 hasta 1896. Las unidades luchan principalmente contra los indios americanos en la frontera. Los indios los apodan "soldados búfalo".

- Los blancos amotinados matan a 35 ciudadanos negros de Nueva Orleans, Luisiana, y hieren a más de 100 personas, con la participación de la policía local. Los disturbios hacen que aumente el apoyo a las políticas de Reconstrucción.

1867

- Se funda en Washington, D.C., la Universidad Howard, una universidad de mayoría negra, que lleva el nombre del general Oliver Otis Howard, jefe de la Oficina de los Hombres Libres.

1868

- Se ratifica la Decimocuarta Enmienda de la Constitución de Estados Unidos, que concede la ciudadanía y la igualdad de derechos civiles y legales a los afroamericanos.

- La Asamblea General de Carolina del Sur está formada por 85 representantes negros y 70 blancos. Producto de la Reconstrucción, es la primera legislatura estatal con mayoría negra.

- Elizabeth Keckley publica su autobiografía, BEHIND THE SCENES; OR, THIRTY YEARS A SLAVE AND FOUR YEARS IN THE WHITE HOUSE. Keckley salió de la esclavitud para convertirse en la modista y confidente de la primera dama Mary Todd Lincoln.

1870

- Hiram R. Revels, de Mississippi, ocupa el antiguo escaño de Jefferson Davis en el Senado de los Estados Unidos. Revels es el único afroamericano en el Congreso de EE.UU. y el primero elegido para el Senado.

- Joseph Hayne Rainey es el primer afroamericano elegido para la Cámara de Representantes de los Estados Unidos. Este congresista de Carolina del Sur disfrutará del mandato más largo de cualquier representante afroamericano durante la Reconstrucción.

- Se ratifica la Decimoquinta Enmienda a la Constitución de los Estados Unidos, que garantiza el derecho al voto independientemente de "la raza, el color o la condición previa de servidumbre".

1877

- La Reconstrucción termina cuando las últimas tropas federales se retiran del Sur. Los conservadores del Sur recuperan el control de sus gobiernos estatales mediante el fraude, la violencia y la intimidación.

1879

- El cuento "Tar-Baby" del autor Joel Chandler Harris populariza la figura del muñeco de alquitrán pegajoso de los cuentos populares negros estadounidenses. Se inspira en el cuento africano del embaucador.

1881

- El 4 de julio se funda el Instituto Normal e Industrial de Tuskegee en Alabama. Booker T. Washington es el primer presidente de la escuela.

- Tennessee se convierte en el primer estado en promulgar una ley Jim Crow. La ley exige que negros y blancos viajen en vagones separados.

1883

- El inventor Jan Ernst Matzeliger patenta su máquina para endurecer zapatos que da forma a la parte superior de los mismos. Su invento pronto sustituye a los métodos de producción artesanales.

1887

- Se funda la Universidad A&M de Florida como Escuela Normal Estatal (de formación de maestros) para estudiantes de color.

- El periodista negro T. Thomas Fortune comienza a editar el NEW YORK AGE. Sus conocidos editoriales defienden los derechos civiles de los afroamericanos y condenan la discriminación racial.

1892

- Las oficinas del MEMPHIS FREE SPEECH son destruidas a raíz de los editoriales de su copropietaria Ida B. Wells en los que denunciaba el linchamiento de tres de sus amigas.

1895

- En la Exposición de Atlanta, el educador Booker T. Washington pronuncia su discurso "Compromiso de Atlanta". Destaca la importancia de la educación profesional para los negros por encima de la igualdad social o los cargos políticos.

1896

- Mary Church Terrell se convierte en la primera presidenta de la Asociación Nacional de Mujeres de Color, trabajando por la reforma educativa y social y el fin de la discriminación racial.

- En la sentencia PLESSY contra FERGUSON, relativa a la segregación racial, el Tribunal Supremo de EE.UU. defiende la doctrina de "separados pero iguales". Sostiene que las leyes que obligan a negros y blancos a utilizar instalaciones públicas separadas son constitucionales siempre que las instalaciones sean razonablemente iguales.

- Paul Laurence Dunbar, aclamado como "el poeta laureado de la raza negra", publica la colección de poesía LYRICS OF LOWLY LIFE.

1899

- El compositor y pianista Scott Joplin publica "Maple Leaf Rag". Es una de las composiciones musicales más importantes y populares de la época del ragtime, precursor del jazz.

1900

- Originalmente una parodia de los esclavos de los bailes de salón de los blancos, el cakewalk se convierte en un baile muy popular entre los blancos de moda, así como entre los juglares blancos que trabajan con cara de negro.

1901

- Booker T. Washington cena con el presidente Theodore Roosevelt en la Casa Blanca. La cena es duramente criticada por muchos blancos, que la consideran una marcada desviación de la etiqueta racial.

1903

- W.E.B. Du Bois publica THE SOULS OF BLACK FOLK. Declara que "el problema del siglo XX es el problema de la línea de color".

- En protesta por los puntos de vista de Booker T. Washington, W.E.B. Du Bois sugiere el concepto de la "Décima Talento", un grupo de líderes negros con educación universitaria responsables de elevar a los negros económica y culturalmente.

1905

- Se funda el Movimiento del Niágara cuando un grupo de intelectuales negros de todo el país se reúne cerca de las cataratas del Niágara, en Ontario, Canadá. Adoptan resoluciones que exigen la plena igualdad en la vida estadounidense. W.E.B. Du Bois es el líder de la organización.

- Madame C.J. Walker desarrolla y comercializa un método para alisar el pelo rizado. Esto la lleva a convertirse en la primera mujer negra millonaria de Estados Unidos.

1906

- El Atlanta Baptist College amplía su plan de estudios y pasa a llamarse Morehouse College.

1908

- En Springfield, Illinois, se produce una gran revuelta racial; la comunidad negra es asaltada por varios miles de ciudadanos blancos y dos ancianos negros son linchados.

1909

- Un grupo de blancos conmocionados por los disturbios de Springfield de 1908 se une al Movimiento Niágara de W.E.B. Du Bois. Juntos forman la Asociación Nacional para el Progreso de las Personas de Color (NAACP).

1910

- Se funda THE CRISIS, una revista mensual publicada por la NAACP. W.E.B. Du Bois edita la revista durante sus primeros 24 años.

- El jazz comienza a evolucionar en Nueva Orleans, Luisiana.

1911

- Se crea en la ciudad de Nueva York la organización que más tarde se llamará Liga Urbana Nacional. Su misión es ayudar a

los afroamericanos emigrantes a encontrar trabajo y
vivienda y a adaptarse a la vida urbana.

- El antropólogo estadounidense de origen alemán Franz Boas
  publica LA MENTE DEL HOMBRE PRIMITIVO, una serie de
  conferencias sobre cultura y raza. Su obra es utilizada con
  frecuencia en la década de 1920 por quienes se oponen a las
  restricciones a la inmigración en Estados Unidos basadas en
  supuestas diferencias raciales.

1914

- Marcus Garvey funda la Universal Negro Improvement
  Association (UNIA) en su país natal, Jamaica. La organización
  tiene como objetivo fomentar el orgullo racial y la
  autosuficiencia económica y establecer una nación negra en
  África.

- George Washington Carver, del Instituto Tuskegee, revela
  sus experimentos con cacahuetes y boniatos. Populariza los
  cultivos alternativos y ayuda a la renovación de las tierras
  agotadas en el Sur.

1915

- El historiador Carter G. Woodson funda la Association for
  the Study of Negro Life and History. Su objetivo es ayudar al
  estudio preciso y adecuado de la historia afroamericana.

- El boxeador Jack Johnson, el primer campeón negro de los
  pesos pesados del mundo, pierde el título en 26 asaltos ante
  Jess Willard, el último de una sucesión de "Grandes
  Esperanzas Blancas". Los rumores afirman que Johnson
  perdió intencionadamente en un intento de evitar
  dificultades legales.

- Una división de la Convención Nacional Bautista da lugar a la
  Convención Nacional Bautista de América, la mayor iglesia
  negra de Estados Unidos.

1916

- Comienza el periodo conocido como la Gran Migración.
  Entre 1916 y 1970 unos seis millones de afroamericanos
  sureños emigran a los centros urbanos del Norte y el Oeste.

1917-37: La Era del Jazz y el Renacimiento de Harlem

1917

- El odio de los blancos hacia los afroamericanos recién contratados en las industrias de guerra provoca una revuelta racial en East St. Turbas de blancos atacan a los residentes negros, apuñalándolos, apaleándolos y ahorcándolos. Unas 6.000 personas de raza negra son expulsadas de sus hogares, y 40 negros y 8 blancos resultan muertos.

1918

- James VanDerZee y su esposa abren el Guarantee Photo Studio en el barrio de Harlem de Nueva York. Los retratos que dispara se convierten más tarde en una preciada crónica del Renacimiento de Harlem.

1919

- Durante el Verano Rojo (que significa "verano sangriento"), estallan unos 25 disturbios raciales en ciudades de todo Estados Unidos. La violencia más grave tiene lugar en el South Side de Chicago. Ese motín deja 23 negros y 15 blancos muertos, 537 personas heridas y 1.000 familias negras sin hogar.

- A'Lelia Walker hereda el negocio y los bienes de la familia a la muerte de su madre, Madame C.J. Walker. En la década de los años 20 se encarga de entretener a los principales escritores y artistas del Renacimiento de Harlem.

1920

- Marcus Garvey, líder de la Universal Negro Improvement Association (UNIA), se dirige a 25.000 negros en el Madison

Square Garden de Nueva York. A continuación, preside un desfile de 50.000 personas por las calles de Harlem.

- Se crea la Negro National League, una asociación de equipos de béisbol afroamericanos. Es la primera de las ligas negras de béisbol.

1921

- SHUFFLE ALONG, un musical de Eubie Blake y Noble Sissle, se estrena en Broadway. Es el primer musical escrito e interpretado por afroamericanos.

1922

- Louis Armstrong se marcha de Nueva Orleans a Chicago, donde toca la segunda trompeta en la Creole Jazz Band de King Oliver. El trabajo de Armstrong en la década de 1920 revolucionaría el jazz.

- La piloto de avión Bessie Coleman realiza el primer vuelo público de una mujer afroamericana. Más tarde se negaría a actuar en espectáculos aéreos ante audiencias segregadas en el Sur.

1923

- Charles Clinton Spaulding se convierte en presidente de la North Carolina Mutual Life Insurance Company. La convierte en la mayor empresa de propiedad negra del país.

- El pianista y arreglista de jazz Fletcher Henderson se convierte en director de banda. Su famosa banda hace avanzar las carreras de músicos afroamericanos como Louis Armstrong, Coleman Hawkins y Roy Eldridge.

- El poeta y novelista Jean Toomer publica su obra maestra, la novela experimental CANE. A menudo se considera uno de los mayores logros del Renacimiento de Harlem.

- La cantante de blues Bessie Smith realiza su primera grabación. Con el tiempo será conocida como la "Emperatriz del Blues".

1924

- El Seminario Spelman se convierte en el Spelman College. La escuela comenzó en Georgia en 1881 con dos mujeres de Boston que enseñaban a 11 mujeres negras en el sótano de una iglesia de Atlanta.

- En una cena patrocinada por la revista OPPORTUNITY, escritores negros y editores blancos se mezclan. El evento se considera el inicio formal del Renacimiento de Harlem.

1925

- THE NEW NEGRO, una colección de ficción, poesía, teatro y ensayos relacionados con el Renacimiento de Harlem, está editada por Alain Locke.

- La cantante y bailarina Josephine Baker va a París para bailar en una revista. Se convierte en una de las artistas más populares de Francia.

- Countee Cullen, uno de los mejores poetas del Renacimiento de Harlem, publica su primera colección de poemas, COLOR. Ese mismo año se gradúa en la universidad.

- El Ku Klux Klan, un grupo de odio de la supremacía blanca, organiza un desfile de 50.000 miembros desenmascarados en Washington, D.C. En los años 20, el Klan cuenta con más de 4 millones de miembros en todo el país.

- A. Philip Randolph, sindicalista y líder de los derechos civiles, funda la Brotherhood of Sleeping Car Porters, que se convierte en el primer sindicato negro de éxito.

- En un histórico banquete de premios literarios durante el Renacimiento de Harlem, Langston Hughes obtiene el primer puesto en poesía. Su poema ganador, "The Weary Blues", es leído en voz alta por James Weldon Johnson.

1926

- Pianista, compositor y autoproclamado inventor del jazz, Jelly Roll Morton graba varias de sus obras maestras. Entre ellas están "Black Bottom Stomp" y "Dead Man Blues".

1927

- James Weldon Johnson publica GOD'S TROMBONES, un libro de poesía. Contiene sermones en verso al estilo de los predicadores negros tradicionales del Sur. El libro está ilustrado por Aaron Douglas.

- La poeta y dramaturga Angelina Weld Grimké publica CAROLING DUSK, una antología de su poesía editada por Countee Cullen.

- El pintor Henry Ossawa Tanner se convierte en el primer afroamericano en ser miembro de pleno derecho de la Academia Nacional de Diseño.

- La cantante y actriz Ethel Waters hace su primera aparición en Broadway en la revista negra AFRICANA.

- Se crea el equipo profesional de baloncesto de color conocido como los Harlem Globetrotters.

1928

- El poeta y novelista Claude McKay publica HOME TO HARLEM, la primera novela de un afroamericano que llega a las listas de los más vendidos.

1929

- John Hope es elegido presidente de la Universidad de Atlanta, la primera escuela de posgrado para afroamericanos. Más tarde se convierte en la Clark Atlanta University.

1931

- Nueve jóvenes negros acusados de violar a dos mujeres blancas en un tren de mercancías son juzgados por sus vidas en Scottsboro, Alabama. Grupos liberales y radicales del norte defienden la causa de los "Scottsboro Boys".

- Walter White se convierte en secretario ejecutivo de la NAACP. Su principal objetivo es acabar con los linchamientos. A principios del siglo XX, solían producirse más de 60 linchamientos al año en todo el país. A la muerte de White, en 1955, los linchamientos se convertirían en una rareza.

1932

- En Tuskegee, Alabama, el Servicio de Salud Pública de los Estados Unidos comienza un estudio de 40 años sobre el curso de la sífilis no tratada en hombres negros. En este experimento médico poco ético, se negó intencionadamente el tratamiento a los sujetos de prueba, incluso cuando algunos de ellos se quedaron ciegos y se volvieron locos a causa de la enfermedad. Más de 100 de los hombres murieron finalmente de sífilis.

- Wallace Thurman, joven rebelde literario del Renacimiento de Harlem, publica su novela satírica INFANTS OF THE SPRING.

1934

- Wallace D. Fard, fundador del movimiento Nación del Islam, desaparece. Le sustituye Elijah Muhammad.

1936

- El atleta de pista y campo Jesse Owens gana cuatro medallas de oro en los Juegos Olímpicos de 1936 en Berlín, Alemania.

Sus victorias desbaratan la intención de Adolf Hitler de utilizar los juegos como una muestra de supremacía blanca.

- El músico de blues del Delta Robert Johnson realiza sus legendarias e influyentes grabaciones en Texas. Entre ellas están "Me and the Devil Blues", "Hellhound on My Trail" y "Love in Vain".

1937

- La escritora y folclorista Zora Neale Hurston publica su segunda novela, SUS OJOS MIRABAN A DIOS. Se considera su mejor libro.

1938-59: El inicio del movimiento por los derechos civiles

1938

- En un nocaut en el primer asalto de su revancha, el campeón de boxeo de los pesos pesados Joe Louis se venga del alemán Max Schmeling. Schmeling fue el único boxeador que noqueó a Louis en su mejor momento.

- La vocalista de jazz Billie Holiday realiza varias de sus mejores grabaciones con el saxofonista Lester Young.

1939

- Count Basie dirige su legendaria banda de jazz de Kansas City. Incluye al saxofonista Lester Young, al trompetista Buck Clayton, al bajista Walter Page y al baterista Jo Jones.

- Las Hijas de la Revolución Americana se niegan a permitir que la cantante Marian Anderson alquile el Constitution Hall para un concierto en Washington, D.C. En su lugar, actúa en el Lincoln Memorial ante una audiencia de 75.000 personas.

- El Fondo de Educación y Defensa Legal de la NAACP está organizado para luchar contra las leyes que permiten la discriminación racial. Charles Hamilton Houston dirige el esfuerzo para aprovechar algunos de los mejores talentos legales del país en la lucha por los derechos civiles.

1940

- El autor Richard Wright publica su obra maestra, NATIVE SON. Esta novela descarnada y trágica sitúa inmediatamente a Wright en la primera fila de los escritores estadounidenses contemporáneos.

- Benjamin Oliver Davis, Sr. se convierte en el primer general negro del Ejército de los Estados Unidos.

- El pintor Jacob Lawrence comienza a trabajar en MIGRATION OF THE NEGRO, una serie de 60 cuadros. La serie representa el viaje de los afroamericanos del Sur a las ciudades del Norte en la Gran Migración.

- Duke Ellington dirige su mejor banda. Incluye al bajista Jimmy Blanton, al saxofonista Ben Webster y al trompetista Cootie Williams.

1941

- Tras considerables protestas, el Departamento de Guerra de EE.UU. crea la primera unidad de la fuerza aérea afroamericana, el 99º Escuadrón de Persecución. Sus soldados son conocidos como los Aviadores de Tuskegee. Benjamin Oliver Davis, Jr. comanda el escuadrón.

1942

- Aunque las fuerzas armadas estadounidenses comienzan a aceptar donaciones de sangre de negros, las fuerzas armadas deciden segregar racialmente el suministro de sangre. Como resultado, Charles Richard Drew, desarrollador y director de los programas de plasma sanguíneo durante la Segunda Guerra Mundial, dimite.

1942

- James Farmer funda la organización interracial que se convierte en el Congreso de la Igualdad Racial (CORE). Sus tácticas de acción directa adquieren relevancia nacional durante las Marchas de la Libertad de 1961.

1942

- El Bebop (o bop) nace de los experimentos musicales de los músicos de jazz de Harlem, como el saxofonista Charlie

Parker, el trompetista Dizzy Gillespie y el pianista Thelonious Monk.

1943

- El bailarín Bill ("Bojangles") Robinson aparece con la cantante Lena Horne en la película musical negra de la guerra STORMY WEATHER.

1945

- La revista EBONY es fundada por John H. Johnson de Chicago. Siguiendo el modelo de LIFE, pero dirigida a la clase media negra, la revista tiene un éxito inmediato.

- Adam Clayton Powell, Jr., pastor de la Abyssinian Baptist Church de Harlem, es elegido miembro de la Cámara de Representantes de Estados Unidos como demócrata por Harlem (Nueva York). Cumple 11 mandatos sucesivos.

1946

- El saxofonista Charlie Parker produce muchas de las mejores grabaciones de su carrera. Entre ellas están NOW'S THE TIME, KOKO, YARDBIRD SUITE y ORNITHOLOGY.

1947

- Jackie Robinson se une a los Dodgers de Brooklyn, convirtiéndose en el primer jugador de béisbol afroamericano en las grandes ligas durante la era moderna.

- El historiador John Hope Franklin gana la atención internacional con la publicación de FROM SLAVERY TO FREEDOM (DE LA ESCLAVITUD A LA LIBERTAD), un estudio perdurable de la historia afroamericana.

1948

- Satchel Paige, legendario lanzador de béisbol de las Ligas
  Negras, entra finalmente en las Grandes Ligas después de
  que se flexibilice el "pacto de caballeros" que prohibía el
  fichaje de jugadores negros.

1949

- No satisfecho con la etiqueta de la revista BILLBOARD de
  "discos de raza" para su lista de música negra, Jerry Wexler,
  un reportero blanco de la revista, introduce la denominación
  "rhythm and blues".

1950

- Ralph Bunche recibe el Premio Nobel de la Paz por su labor
  como mediador de las Naciones Unidas (ONU) en el conflicto
  árabe-israelí en Palestina.

- Gwendolyn Brooks recibe el Premio Pulitzer de poesía por
  ANNIE ALLEN (1949), convirtiéndose en la primera escritora
  afroamericana en ganar el premio.

- Después de que el cantante, actor y activista Paul Robeson
  se niegue a jurar que no es comunista, el Departamento de
  Estado estadounidense le suspende el pasaporte.

1952

- Ralph Ellison publica su obra maestra, la novela EL HOMBRE
  INVISIBLE. Recibe el National Book Award en 1953.

1954

- El 17 de mayo el Tribunal Supremo de Estados Unidos
  dictamina por unanimidad en el caso BROWN contra EL CONSEJO
  DE EDUCACIÓN DE TOPEKA que la segregación racial en las escuelas
  públicas viola la Decimocuarta Enmienda de la Constitución.

- En la Serie Mundial contra los Indios de Cleveland, el
  jardinero de los Gigantes de Nueva York Willie Mays hace "la

atrapada". La extraordinaria recepción por encima del hombro sigue siendo una de las jugadas más comentadas de la historia del béisbol.

1955

- Los linchamientos continúan en el Sur con el brutal asesinato de un joven de 14 años de Chicago, Emmett Till, en Money, Mississippi. La revista JET publica una foto de su cadáver mutilado.

- Rosa Parks, secretaria de la sección de Montgomery, Alabama, se niega a ceder su asiento en el autobús a un blanco. Su acción conduce al boicot de los autobuses de Montgomery de 1955-56.

- La diva de la ópera Leontyne Price triunfa en el papel principal de TOSCA de la National Broadcasting Company. Es la primera afroamericana que canta ópera para la televisión.

- El cantante, compositor y guitarrista Chuck Berry viaja desde St. Louis, Missouri, a Chicago, Illinois. Allí graba MAYBELLENE, una sensación inmediata entre los adolescentes. El éxito ayuda a dar forma a la evolución del rock and roll.

1956

- Clifford Brown, el trompetista más influyente de su generación, muere a los 25 años en un accidente de coche. Destacado por su lirismo y la gracia de su técnica, Brown es una figura principal del estilo hard bop del jazz.

- Arthur Mitchell, futuro director del Dance Theatre of Harlem, se convierte en el único bailarín negro del New York City Ballet. George Balanchine crea varios papeles especialmente para él.

- La tenista Althea Gibson se convierte en la primera afroamericana en ganar un título importante -el de dobles de Wimbledon-, así como el individual y el de dobles de Francia y el individual de Italia.

1957

- La Conferencia de Liderazgo Cristiano del Sur es creada por el reverendo Martin Luther King, Jr. y otros. Se forma para coordinar y ayudar a las organizaciones locales que trabajan por la plena igualdad de los afroamericanos.

- El gobernador de Arkansas, Orval E. Faubus, intenta bloquear la desegregación en la Central High School de Little Rock, ordenando al ejército estatal que impida la entrada de nueve estudiantes negros a la escuela. El presidente Dwight D. Eisenhower ordena a las tropas federales que escolten a los estudiantes a la escuela.

- El fullback Jim Brown comienza su carrera profesional en los Cleveland Browns. Lidera la Liga Nacional de Fútbol Americano en carreras durante ocho de sus nueve temporadas.

1958

- El boxeador Sugar Ray Robinson, considerado por muchos como el mejor púgil de la historia, recupera por última vez el título de los pesos medios. Vence a Carmen Basilio en un combate salvaje.

- Alvin Ailey funda el Alvin Ailey American Dance Theater. Compuesta principalmente por afroamericanos, la compañía de danza realiza numerosas giras tanto en Estados Unidos como en el extranjero.

- Mahalia Jackson, conocida como la "Reina de la Canción Gospel", se une a Duke Ellington en su interludio gospel BLACK, BROWN, AND BEIGE en el Festival de Jazz de Newport de 1958.

1959

- El trompetista Miles Davis graba KIND OF BLUE, a menudo considerada su obra maestra.

- El cantante Ray Charles graba WHAT'D I SAY, que se convierte en su primer millón de ventas. Es un ejemplo de la aparición de la música soul, que combina el rhythm and blues con el gospel.

- A RAISIN IN THE SUN, de Lorraine Hansberry, se convierte en el primer drama de una mujer negra producido en Broadway. La versión cinematográfica de 1961 está protagonizada por Sidney Poitier y recibe un premio especial en el festival de cine de Cannes (Francia).

- Berry Gordy Jr. funda en Detroit, Michigan, la Motown Record Corporation. El "sonido Motown" domina la música popular negra durante la década de 1960. También atrae a un enorme público blanco, convirtiéndose en el "sonido de la América joven".

- El jugador de béisbol Ernie Banks, uno de los mejores bateadores de potencia de la historia del juego, es nombrado Jugador Más Valioso de la Liga Nacional por segunda temporada consecutiva.

- El músico pionero del "free jazz" Ornette Coleman y su cuarteto tocan por primera vez en el Five Spot Café de Nueva York. La histórica actuación provoca fuertes reacciones, tanto de admiración como de condena, por parte del público.

1960–69: El movimiento de los derechos civiles y el poder negro

1960

- Jim Stewart y Estelle Axton, un hermano y una hermana blancos, fundan Stax Records de Memphis, Tennessee. Viene a definir el sonido de la música soul sureña identificado con artistas como Sam y Dave, Booker T. and the MG's y Otis Redding.

- El movimiento de sentada se inicia en Greensboro, Carolina del Norte, cuando estudiantes universitarios negros se sientan en un mostrador de comida local "sólo para blancos". Cuando se les niega el servicio, se niegan educada pero firmemente a marcharse. La sentada es una táctica de desobediencia civil no violenta.

- Inspirado por el movimiento de las sentadas, el baterista de jazz Max Roach compone y graba la histórica FREEDOM NOW SUITE.

- El CORE organiza los Freedom Rides, en los que negros y blancos protestan contra la segregación viajando juntos en autobuses interestatales por el Sur. Los Freedom Riders se enfrentan a una violencia abrumadora, especialmente en Alabama, lo que lleva a la intervención federal.

- Whitney Young es nombrado director ejecutivo de la Liga Urbana Nacional. Trabaja para salvar la distancia entre los líderes políticos y empresariales blancos y los negros pobres.

1962

- Wilt Chamberlain se convierte en el primer jugador de baloncesto que anota más de 4.000 puntos en partidos de la temporada regular de la National Basketball Association.

- El Tribunal Supremo de Estados Unidos dictamina que la Universidad de Mississippi debe admitir a su primer estudiante afroamericano, James Meredith.

- La revista THE NEW YORKER publica un largo artículo del autor James Baldwin sobre aspectos de la lucha por los derechos civiles. El artículo se convierte en un best-seller en forma de libro como THE FIRE NEXT TIME.

1963

- En Birmingham, Alabama, el comisario de policía Eugene ("Bull") Connor utiliza mangueras de agua y perros contra los manifestantes por los derechos civiles, muchos de los cuales son niños. Esto hace que aumente la presión sobre el presidente John F. Kennedy para que actúe.

- Medgar Evers, secretario de campo de la NAACP en Mississippi, es asesinado a tiros frente a su casa. El asesinato se produjo después de una transmisión histórica sobre el tema de los derechos civiles por parte del presidente John F. Kennedy.

- El reverendo Martin Luther King, Jr. escribe "Carta desde la cárcel de Birmingham". Está dirigida a ocho clérigos que atacaban su papel en la dirección de las protestas por los derechos civiles en Birmingham, Alabama. Ampliamente reimpresa, la carta pronto se convierte en un clásico de la literatura de protesta.

- Sidney Poitier gana el premio de la Academia como mejor actor por su interpretación en LILIES OF THE FIELD. En 1967 protagonizaría dos películas sobre las relaciones raciales, ADIVINA QUIÉN VIENE A CENAR y EN EL CALOR DE LA NOCHE.

- El movimiento por los derechos civiles alcanza un clímax dramático con una marcha masiva sobre Washington, D.C. Está organizada principalmente por Bayard Rustin. Entre los temas de la marcha está la exigencia de que el Congreso

apruebe la Ley de Derechos Civiles. En Washington, una
audiencia interracial de más de 200.000 personas escucha a
Martin Luther King, Jr. pronunciar su famoso discurso
"Tengo un sueño".

1964

- Malcolm X abandona la Nación del Islam y forma su propia
  organización religiosa. Realiza la peregrinación a La Meca
  (Arabia Saudí), modificando sus puntos de vista sobre el
  separatismo negro a su regreso a Estados Unidos.

- La obra DUTCHMAN, de LeRoi Jones (más tarde llamado Imamu
  Amiri Baraka), aparece fuera de Broadway y recibe elogios
  de la crítica. La obra expone la ira reprimida y la hostilidad
  de los negros estadounidenses hacia la cultura blanca
  dominante.

- Los cuerpos de tres trabajadores de los derechos civiles
  asesinados -dos blancos y uno negro- son encontrados en
  Filadelfia, Mississippi.

- El presidente Lyndon Baines Johnson firma la Ley de
  Derechos Civiles. Otorga a los organismos federales
  encargados de hacer cumplir la ley la facultad de impedir la
  discriminación racial en el empleo, el voto y el uso de
  instalaciones públicas.

- El reverendo Martin Luther King, Jr. recibe el Premio Nobel
  de la Paz en Oslo, Noruega.

- Bob Gibson, lanzador de los Cardenales de San Luis, inicia
  una racha sin precedentes de siete victorias consecutivas en
  la Serie Mundial.

- El saxofonista de jazz John Coltrane graba su obra maestra, A
  LOVE SUPREME.

- Se ratifica la Vigésima Cuarta Enmienda a la Constitución de Estados Unidos. Garantiza que no se puede negar a los ciudadanos el derecho a votar en las elecciones presidenciales o al Congreso por no haber pagado un impuesto. Este tipo de impuestos se utilizaba en el Sur para negar a los negros el derecho al voto.

1965

- Se aprueba la Ley del Derecho al Voto tras la Marcha de Selma a Montgomery en Alabama. La marcha de protesta por los derechos civiles captó la atención nacional cuando los manifestantes pacíficos fueron golpeados sin piedad por las tropas estatales en el puente Edmund Pettus.

- La zona de Watts, en Los Ángeles, estalla en violencia tras la detención de un joven automovilista acusado de conducción temeraria. Al final de los disturbios hay 34 muertos, 1.032 heridos y 3.952 detenidos.

1966

- El Partido de las Panteras Negras para la Autodefensa es fundado en Oakland, California, por Huey Newton y Bobby Seale. El objetivo original del grupo es proteger a los residentes de los actos de brutalidad policial.

- Trazando un nuevo rumbo para el movimiento de los derechos civiles, Stokely Carmichael, presidente de la Conferencia de Liderazgo Cristiano del Sur, utiliza la frase "PODER NEGRO" en un mitin.

- El jugador de baloncesto Bill Russell, uno de los mejores pívots defensivos de la historia del deporte, se convierte en el entrenador de los Boston Celtics. Es el primer entrenador negro de un gran equipo deportivo profesional en Estados Unidos.

- Edward Brooke, de Massachusetts, se convierte en el primer afroamericano elegido popularmente para el Senado de los Estados Unidos.

- La fiesta afroamericana de Kwanzaa, inspirada en varios festivales africanos de la cosecha, fue creada por Maulana Karenga, profesor de estudios negros de la Universidad Estatal de California en Long Beach.

1967

- El activista de los derechos civiles Julian Bond jura su cargo como representante de la legislatura del estado de Georgia. Aunque fue debidamente elegido, se le negó su escaño por oponerse a la participación de Estados Unidos en la guerra de Vietnam. En diciembre de 1966, el Tribunal Supremo de Estados Unidos dictaminó que su exclusión era inconstitucional.

- La cantante Aretha Franklin, la "Reina del Soul", lanza una serie de éxitos como "I Never Loved a Man" y "Baby, I Love You". Su éxito "Respect" se convierte en una especie de himno del movimiento por los derechos civiles.

- En plena guerra de Vietnam, el campeón de boxeo de los pesos pesados, Muhammad Ali, se niega a alistarse en las fuerzas armadas debido a sus creencias religiosas. Condenado por infringir la ley, Ali es expulsado del ring y despojado de su título.

- El guitarrista de blues y rock Jimi Hendrix hace su espectacular debut en el Monterey International Pop Festival.

- Thurgood Marshall se convierte en el primer juez afroamericano del Tribunal Supremo de Estados Unidos. Como abogado, defiende el caso BROWN contra la JUNTA DE EDUCACIÓN DE TOPEKA.

- Carl Stokes es elegido alcalde de Cleveland, Ohio. Se convierte en el primer alcalde afroamericano de una gran ciudad estadounidense.

1968

- Eldridge Cleaver, ministro de información del Partido de las Panteras Negras, publica el libro autobiográfico SOUL ON ICE.

- El 4 de abril, el reverendo Martin Luther King, Jr. es asesinado en Memphis, Tennessee. Durante la semana siguiente estallan disturbios en unas 125 ciudades del país. Ralph Abernathy le sucede como presidente de la Southern Christian Leadership Conference, llevando a cabo la Campaña de los Pobres del grupo.

- Bob Beamon establece el récord mundial de salto de longitud en los Juegos Olímpicos de 1968 en Ciudad de México, superando la marca anterior en 21 pulgadas (53 centímetros). Su récord se mantendría hasta 1991, cuando fue batido por Mike Powell.

- Tras ganar una medalla de oro olímpica, el velocista Tommie Smith y su compañero de equipo John Carlos hacen un saludo de poder negro durante la ceremonia de entrega de premios. El Comité Olímpico de Estados Unidos los suspende.

- El actor James Earl Jones recibe elogios y un premio Tony por su interpretación del legendario boxeador afroamericano Jack Johnson en la obra THE GREAT WHITE HOPE. Jones protagoniza posteriormente la versión cinematográfica (1970).

- Shirley Chisholm se convierte en la primera mujer negra estadounidense en ser elegida para el Congreso de Estados Unidos, derrotando al líder de los derechos civiles James Farmer.

1969

- El cofundador del Partido de los Panteras Negras, Bobby Seale, es juzgado por conspiración para incitar a los disturbios en la Convención Nacional Demócrata de Chicago del año anterior. Tras protestar porque se le niega el derecho a un abogado durante el juicio, el juez ordena que sea atado y amordazado.

1970–89: Cambios revolucionarios

- El autor Ernest J. Gaines publica THE AUTOBIOGRAPHY OF MISS JANE PITTMAN (LA AUTOBIOGRAFÍA DE LA SEÑORITA JANE PITTMAN), un recuerdo ficticio de una anciana negra de los años entre la Reconstrucción y el movimiento por los derechos civiles.

1971

- En el caso SWANN contra el CONSEJO DE EDUCACIÓN DE CHARLOTTE-MECKLENBURG, EL Tribunal Supremo dictamina que los programas de transporte en autobús destinados a acelerar la integración racial de las escuelas públicas de Estados Unidos son constitucionales.

1972

- El escritor Ishmael Reed publica la novela MUMBO JUMBO. Su tono irreverente revive con éxito la tradición de la novela satírica afroamericana.

- Shirley Chisholm, miembro de la Cámara de Representantes de Nueva York, es la primera mujer afroamericana que se presenta seriamente a la presidencia de Estados Unidos.

1973

- Gladys Knight and the Pips producen el álbum IMAGINATION, QUE vende millones de copias y gana dos premios Grammy.

1974

- El jugador de béisbol Hank Aaron consigue su 715º jonrón, superando el récord de Babe Ruth, que se mantenía desde 1935.

- En el histórico "Rumble in the Jungle", el boxeador George Foreman, hasta entonces invicto en combates profesionales,

cae ante Muhammad Ali en ocho asaltos en Kinshasa, Zaire
(actual República Democrática del Congo).

1975

- El tenista Arthur Ashe gana el título individual de
  Wimbledon, convirtiéndose en el primer hombre
  afroamericano en ganar el prestigioso campeonato.

- Muere Elijah Muhammad, líder de la Nación del Islam.
  Después de que su hijo cambie el nombre de la organización
  y la integre en el Islam ortodoxo, el ministro Louis Farrakhan
  recupera y reconstruye la Nación del Islam.

- Frank Robinson se convierte en el primer entrenador
  afroamericano de un equipo de las Grandes Ligas de Béisbol,
  los Cleveland Indians.

1976

- Barbara Jordan, representante del Congreso por Texas,
  pronuncia el discurso principal de la Convención Nacional
  Demócrata. Confirma su reputación como una de las
  oradoras más elocuentes de su época.

- El congresista Andrew Young, de Georgia, se convierte en el
  primer embajador afroamericano de Estados Unidos ante la
  ONU.

1977

- La novela de Alex Haley RAÍCES: THE SAGA OF AN AMERICAN FAMILY
  (1976) se adapta a la televisión, convirtiéndose en uno de
  los programas más populares de la historia de la televisión
  estadounidense.

- Benjamin L. Hooks se convierte en director ejecutivo de la
  NAACP, sucediendo a Roy Wilkins. Hooks insiste en la
  necesidad de una acción afirmativa y de aumentar el

registro de votantes de las minorías, y ejerce su cargo hasta
1993.

1978

- En la decisión Bakke sobre la acción afirmativa, el Tribunal
Supremo de EE.UU. se pronuncia en contra del uso de
cuotas raciales fijas en la toma de decisiones sobre la
admisión en las escuelas profesionales. Sin embargo,
dictamina que la raza puede ser un factor en las decisiones
de admisión.

1979

- El jugador de béisbol Lou Brock roba su base número 935,
convirtiéndose en el líder de la carrera de bases robadas de
las Grandes Ligas. Rickey Henderson establecería un nuevo
récord de bases robadas en 1991.

- UNITED STEELWORKERS OF AMERICA V. WEBER permite que un
programa de acción afirmativa privilegie a los
afroamericanos si el programa pretende remediar la
discriminación del pasado.

- El rap adquiere relevancia nacional en Estados Unidos con el
lanzamiento de la canción "Rapper's Delight" de Sugarhill
Gang, que ocupa un lugar destacado en las listas de éxitos.

1981

- El líder de los derechos civiles Andrew Young es elegido
alcalde de Atlanta, Georgia, cargo que ocupa hasta 1989.

1982

- El dramaturgo Charles Fuller gana el Premio Pulitzer de
teatro por A SOLDIER'S PLAY. La obra examina el conflicto entre
los soldados negros en una base militar del Sur durante la
Segunda Guerra Mundial.

- El cantante Michael Jackson causa sensación con el álbum THRILLER. Se convierte en uno de los álbumes más populares de todos los tiempos, vendiendo más de 40 millones de copias.

1983

- La escritora Alice Walker recibe el Premio Pulitzer por EL COLOR PÚRPURA.

- Harold Washington gana la nominación demócrata a la alcaldía al derrotar a la actual alcaldesa Jane Byrne y a Richard M. Daley. Washington es elegido el primer alcalde afroamericano de Chicago, Illinois.

- El líder de los derechos civiles Jesse Jackson anuncia su intención de presentarse a la candidatura presidencial demócrata. Se convierte en el primer hombre afroamericano que hace una apuesta seria por la presidencia.

- Guion Bluford, Jr., se convierte en el primer afroamericano en el espacio como miembro de la tripulación del transbordador espacial CHALLENGER.

1984

- THE COSBY SHOW, protagonizada por el cómico Bill Cosby, se convierte en una de las comedias de situación más populares de la historia de la televisión. Es alabada por su amplio atractivo intercultural y por evitar los estereotipos raciales.

1986

- El dramaturgo August Wilson recibe el Premio Pulitzer por FENCES. Vuelve a ganar el premio por LA LECCIÓN DE PIANO en

1990. Ambas obras pertenecen a su ciclo de obras de teatro sobre la experiencia de los negros en Estados Unidos.

- El Día de Martin Luther King, Jr. se celebra por primera vez como fiesta nacional en Estados Unidos. El día festivo, en honor al líder de los derechos civiles Martin Luther King, Jr. fue establecido oficialmente por una ley de 1983.

1987

- El alero de baloncesto Julius Erving se retira tras convertirse en el tercer jugador profesional en anotar un total de 30.000 puntos en su carrera.

1988

- La corredora Florence Griffith Joyner consigue tres medallas de oro y una de plata en los Juegos Olímpicos de Seúl (Corea del Sur).

1989

- La bailarina de danza moderna Judith Jamison se convierte en la directora artística del Alvin Ailey American Dance Theater, tras la muerte de Ailey.

- David Dinkins se convierte en el primer afroamericano en ser elegido alcalde de la ciudad de Nueva York.

De 1990 a la actualidad: Los años del Milenio

1990

- Muere el baterista de jazz Art Blakey. Tras fundar los Jazz Messengers en 1954, fue el responsable de alimentar a generaciones de jóvenes músicos de jazz.

1991

- El Senado vota 52-48 para confirmar la nominación del juez Clarence Thomas al Tribunal Supremo. Durante las audiencias de confirmación, la ex ayudante de Thomas, Anita Hill, acusa al juez de haberla acosado sexualmente.

- Con mucha fanfarria, Henry Louis Gates, Jr. es nombrado profesor de Humanidades W.E.B. Du Bois en la Universidad de Harvard. Procede a crear el Departamento de Estudios Afroamericanos de la universidad.

1992

- Estallan los disturbios en Los Ángeles, California, provocados por la absolución de cuatro policías blancos que fueron grabados golpeando a Rodney King, un automovilista negro. Los disturbios causan al menos 55 muertes y unos mil millones de dólares en daños materiales.

- El autor Terry McMillan publica WAITING TO EXHALE, que sigue a cuatro mujeres afroamericanas de clase media, cada una de las cuales busca el amor de un hombre digno. La gran popularidad del libro lleva a una adaptación cinematográfica.

- La cantante Mary J. Blige publica su primer álbum en solitario, WHAT'S THE 411?, producido principalmente por el rapero Sean "Puffy" Combs (Diddy). Redefiniendo la música soul, el álbum mezcla el soul clásico con el hip-hop y el rhythm and blues urbano contemporáneo.

- Mae Jemison se convierte en la primera mujer afroamericana astronauta, pasando más de una semana orbitando la Tierra en el transbordador espacial ENDEAVOUR.

- Carol Moseley Braun se convierte en la primera mujer afroamericana elegida para el Senado de Estados Unidos, en representación del estado de Illinois.

1993

- La poeta Maya Angelou, autora de la obra autobiográfica SÉ POR QUÉ CANTA EL PÁJARO ENJAULADO, compone y pronuncia un poema para la toma de posesión del Presidente Bill Clinton.

- Cornel West, filósofo progresista posmoderno, encuentra un público mayoritario con la publicación de su libro RACE MATTERS. Se trata de un examen minucioso de la comunidad negra en la época de los disturbios de 1992 en Los Ángeles.

- La poetisa Rita Dove, autora del libro THOMAS AND BEULAH, ganador del premio Pulitzer, es elegida poeta laureada de Estados Unidos.

- La escritora Toni Morrison, ganadora del Premio Pulitzer de ficción por BELOVED, recibe el Premio Nobel de Literatura.

- Joycelyn Elders se convierte en la primera mujer afroamericana en ocupar el cargo de cirujano general de Estados Unidos.

1994

- A los 45 años, George Foreman se convierte en el campeón de boxeo de peso pesado más antiguo del mundo.

1995

- En uno de los juicios penales más célebres de la historia de Estados Unidos, el ex corredor de fútbol americano O.J. Simpson es absuelto de los asesinatos de su ex esposa Nicole Brown Simpson y de su amigo Ronald Goldman.

- El ministro Louis Farrakhan, líder de la Nación del Islam, llega a la cima de su influencia como el más destacado organizador de la "Marcha del millón de hombres" de afroamericanos en Washington, D.C.

1996

- En los Juegos Olímpicos de Atlanta, Georgia, el velocista Michael Johnson se convierte en el primer hombre que gana medallas de oro en los 200 metros y en los 400 metros. Establece un récord mundial de 200 metros en 19,32 segundos.

1997

- Tiger Woods se convierte en el primer golfista afroamericano en ganar el Torneo de Maestros.

- Muchas mujeres afroamericanas se unen a la Marcha del Millón de Mujeres en Filadelfia, Pensilvania.

1998

- Michael Jordan, a menudo considerado el mejor jugador de la historia del baloncesto, lleva a los Chicago Bulls a su sexto campeonato.

- Los "Nueve de Little Rock" -nueve estudiantes negros a los que se les impidió asistir a una escuela pública de Little Rock (Arkansas), antes exclusivamente blanca, en 1957- reciben la Medalla de Oro del Congreso.

1999

- Rosa Parks recibe la Medalla de Oro del Congreso.

- El asesinato por error de un inmigrante africano, Amadou Diallo, a manos de la policía de Nueva York, provoca una protesta nacional.

2000

- La tenista Venus Williams se convierte en la primera mujer afroamericana desde Althea Gibson (1958) en ganar el campeonato individual de Wimbledon. Ese mismo año se convierte en la primera mujer afroamericana que gana una medalla de oro en tenis individual y en dobles en los mismos Juegos Olímpicos.

- En respuesta a la protesta generalizada y al boicot de la NAACP, el Senado de Carolina del Sur aprueba un proyecto de ley para retirar la bandera confederada de la sede del estado.

2001

- El general Colin Powell se convierte en el primer afroamericano en ser secretario de Estado de Estados Unidos. También fue el primer afroamericano que presidió el Estado Mayor Conjunto (1989-93).

- Condoleezza Rice es nombrada asesora de seguridad nacional, convirtiéndose en la primera mujer y la segunda afroamericana en ocupar este cargo.

- El obispo católico Wilton Gregory se convierte en el primer afroamericano en ser elegido presidente de la Conferencia de Obispos Católicos de Estados Unidos.

2002

- La atleta Vonetta Flowers gana una medalla de oro en la prueba de bobsled femenino, convirtiéndose en la primera afroamericana en ganar una medalla de oro en los Juegos Olímpicos de Invierno.

- Halle Berry se convierte en la primera mujer afroamericana en ganar el Oscar a la mejor actriz.

2003

- El Tribunal Supremo de Estados Unidos emite una sentencia sobre la discriminación positiva en la educación, confirmando el uso de la raza en las políticas de admisión a las universidades.

- La teniente primera Vernice Armour se convierte en la primera mujer piloto de combate afroamericana del Cuerpo de Marines y de la historia militar de Estados Unidos.

2004

- El rapero Kanye West publica su primer álbum en solitario, THE COLLEGE DROPOUT. Productor de éxito, además de intérprete, ayudaría a conseguir éxitos de artistas como Jay-Z, Ludacris, Alicia Keys, Nas, Lil Wayne, Mariah Carey y Beyoncé.

- Barack Obama se convierte en el tercer afroamericano en ser elegido para el Senado de Estados Unidos después de la Reconstrucción.

- El jugador de béisbol Barry Bonds consigue su jonrón número 700.

2005

- Condoleezza Rice sucede a Colin Powell como secretaria de Estado de Estados Unidos, convirtiéndose en la primera mujer afroamericana en ocupar el cargo.

2007

- Las elocuentes siluetas de la artista Kara Walker son el centro de una importante exposición itinerante, "Kara

Walker: Mi complemento, mi enemigo, mi opresor, mi amor".

2007

- El pionero del rap Grandmaster Flash and the Furious Five se convierte en el primer acto de hip-hop incluido en el Salón de la Fama del Rock and Roll.

2008

- Barack Obama es elegido presidente de Estados Unidos, convirtiéndose en el primer afroamericano que gana ese cargo.

2009

- Eric Holder se convierte en el primer afroamericano en ser fiscal general de Estados Unidos.

- El rapero Jay-Z rompe el récord de la revista BillBOARD de mayor número de álbumes número uno de un artista en solitario. THE BLUEPRINT 3 es el undécimo álbum de Jay-Z en las listas de éxitos.

2010

- La NAACP elige a la administradora sanitaria Roslyn M. Brock, de 44 años, para suceder al activista de los derechos civiles Julian Bond como presidente, pasando así la antorcha a una nueva generación.

2012

- Trayvon Martin, un adolescente negro desarmado, es abatido mortalmente por George Zimmerman, un voluntario de vigilancia vecinal, en Sanford (Florida). La muerte de Martin agudiza el debate sobre la persistencia del racismo y la elaboración de perfiles raciales en Estados Unidos. En 2013 un jurado declararía a Zimmerman inocente. Las protestas contra el veredicto se llevan a cabo en todo Estados Unidos. Llevan a la formación del movimiento social Black Lives Matter que busca un mejor trato a los afroamericanos en todas las facetas de la sociedad estadounidense.

2013

- En el caso del CONDADO DE SHELBY contra HOLDER, el Tribunal Supremo de Estados Unidos invalida una disposición central de la Ley de Derecho al Voto. Dicha disposición prohibía a determinadas jurisdicciones modificar las leyes y los procedimientos de votación sin la aprobación federal. Tras la sentencia, varios estados del Sur introducen controvertidos cambios en sus leyes de voto, como los estrictos requisitos de identificación de los votantes.

2014

- Michael Brown, un adolescente negro desarmado, es abatido por Darren Wilson, un policía blanco, en Ferguson, Missouri. Se desencadenan días de disturbios civiles y protestas que atraen la atención nacional e internacional.

2015

- Loretta Lynch se convierte en la primera mujer afroamericana en ocupar el cargo de fiscal general de Estados Unidos.

2016

- Trece años después de su creación, el Museo Nacional de Historia y Cultura Afroamericana (NMAAHC) abre al público en el National Mall de Washington, D.C.

2020

- En medio de una continua pandemia de COVID-19, los informes muestran que los afroamericanos estaban contrayendo la enfermedad y muriendo de ella en tasas mucho más altas que los blancos. Para explicar estas grandes disparidades, muchos expertos citan los efectos del racismo sistémico.

2020

- George Floyd, un hombre afroamericano desarmado, muere mientras es inmovilizado en el suelo por agentes de policía blancos en Minneapolis, Minnesota. Un agente de policía se arrodilla sobre el cuello de Floyd durante varios minutos mientras éste pide ayuda, indicando que no puede respirar. Estallan disturbios y manifestaciones no violentas, con un gran número de manifestantes pacíficos que se reúnen a nivel nacional, y luego internacional. Las protestas duran semanas, ya que la gente exige el fin de la brutalidad policial y de las instituciones, políticas y prácticas que perpetúan el racismo.

Nuestros libros

¿Le interesa la historia de la URSS?

La Historia de la URSS 1914-1991 es un relato exhaustivo y
autorizado de uno de los períodos más importantes de la historia
mundial moderna. Recorre los acontecimientos desde la Rusia
zarista, pasando por la revolución bolchevique de Lenin, el gobierno
de Stalin, el "deshielo" de Jruschov y el estancamiento de Brézhnev,
hasta Gorbachov y más allá. Este libro ofrece una perspectiva
inigualable de la sociedad soviética a todos los niveles: político,
económico, social y cultural.

Este libro es un relato exhaustivo del ascenso y la caída del comunismo en Rusia. El autor examina el modo en que estos líderes se enfrentaron a problemas económicos como la escasez de alimentos y el desempleo. También explora su política exterior durante la Segunda Guerra Mundial y después, cuando intentaron mantener un imperio que se les escapaba de las manos.

Descubrirá cómo vivía la gente bajo el comunismo, qué comía, dónde se entretenía, cómo se confeccionaba la ropa, quién podía viajar al extranjero o comprar productos extranjeros, qué ocurría cuando se enfermaba o moría. Y conocerá todas esas cosas que ahora son tan familiares, pero que entonces aún no se habían inventado: los teléfonos móviles, los ordenadores, las películas occidentales... Todas estas cosas han surgido a partir de 1991, pero este libro te contará cómo era la vida antes de ellas.

La lectura de este libro le permitirá comprender por qué este país se desmoronó tan rápidamente después de su creación. Hay muchas lecciones aprendidas para aquellos que quieran estudiar los países comunistas o simplemente aprender más sobre la historia rusa.

Puede encontrar este libro en versión de bolsillo en los principales sitios web de librerías

Si te interesa la historia de China, ¡este es un gran libro para ti!

Este libro es una breve historia de la República Popular China. Abarca desde las antiguas dinastías y las guerras civiles hasta el surgimiento del Partido Comunista Chino. Podrás leer cómo empezó todo, lo que ocurrió durante el gobierno de Mao Zedong y mucho más.

En 1949, el Partido Comunista Chino (PCC) obtuvo su primera victoria y estableció la República Popular China. El PCCh estaba dirigido por Mao Zedong y sus compañeros de armas, como Zhou Enlai, Zhu De, Chen Yun y Deng Xiaoping. Dirigieron al pueblo a luchar contra los invasores japoneses y sus enemigos internos, como los terratenientes, los campesinos ricos, los contrarrevolucionarios y los malos elementos que saboteaban la reconstrucción nacional.

Si está interesado en conocer el pasado de este país, éste es un buen punto de partida. El autor ha creado un libro informativo que le permitirá comprender mejor lo que ocurrió a lo largo del tiempo. También incluye fotografías para los estudiantes visuales que quieren ver imágenes además de palabras.

Este libro le contará cómo estos líderes ayudaron a dar forma a la China moderna con sus habilidades de liderazgo que todavía se utilizan hoy en día. Aprenderá cómo lucharon por la igualdad entre todas las clases de la sociedad, al tiempo que construyeron una economía que podía competir a escala mundial. No es sólo una historia de política o economía, sino también de cultura. Aprenda más sobre las costumbres tradicionales en esta breve historia de China.

Puede encontrar este libro en versión de bolsillo en los principales sitios web de librerías